Wo Glaube ist, da ist auch Lachen

Christina Brudereck, Martin Buchholz,
Hans-Joachim Greifenstein,
Clajo Herrmann,
Lutz von Rosenberg Lipinsky,
Andreas Malessa, Ingmar Maybach
und Fabian Vogt

Wo Glaube ist, da ist auch Lachen

Kabarettistische Leckerbissen
zur Reformation

EVANGELISCHE VERLAGSANSTALT
Leipzig

Bibliographische Information der Deutschen Nationalbibliothek
Die Deutsche Nationalbibliothek verzeichnet diese Publikation in
der Deutschen Nationalbibliographie; detaillierte bibliographische
Daten sind im Internet über http://dnb.dnb.de abrufbar.

© 2016 by Evangelische Verlagsanstalt GmbH · Leipzig
Printed in Germany

Cover: Kai-Michael Gustmann, Leipzig
Coverillustration: Thees Carstens
Satz und Gestaltung: Steffi Glauche, Leipzig
Druck und Binden: BELTZ Bad Langensalza GmbH

ISBN 978-3-374-04564-8
www.eva-leipzig.de

»Wer immer
und überall lachen kann,
der ist ein wahrer
Doktor der Theologie.«

Martin Luther

Inhalt

Wo Glaube ist, da ist auch Lachen

Die Geschichte der Neuzeit beginnt mit einem Anschlag. Und zwar einem ziemlich behämmerten. Total vernagelt tackert der Mönch und Theologieprofessor Martin Luther am Reformationstag 1517 »95 Thesen wider den Ablass« an die Tür der Schlosskirche von Wittenberg – und kriegt vermutlich direkt eine Anzeige wegen Sachbeschädigung. Wo kommen wir denn da hin, wenn jeder sein Zeug an fremde Haustüren ballert? Das wollen Sie bestimmt auch nicht. Ja, probieren Sie ruhig mal, ihre letzten Facebook-Kommentare an die Tür von Schloss Bellevue zu nageln. Dann ahnen Sie, was damals abging.

Aber Luther hat eine Mordswut im Bauch. Weil irgendwelche kirchlichen Drückerkolonnen durchs Land ziehen und den Leuten schäbige Abos andrehen: »Zahl kräftig, denn bekommst du Rabatt in der Vorhölle.« Ein ganz interessantes Geschäftsmodell, das heute unter anderem in der Anti-Aging-Werbung weiterlebt: »Kauf diese widerlichen Schmierakel-Cremes oder Gurkenmasken, dann schaust du nicht halb so alt aus, wie du dich fühlst.« Oder anders ausgedrückt: »Man sieht dir die Sünden deines verdorbenen Lebenswandels in der Endphase nicht mehr ganz so deutlich an.« Vor allem, wenn die Gurken noch drauf sind. Man vertraute zu Luthers Zeiten also auf eine Art mittelalterliches »Faith-Lifting«. Heute würde man sagen: Sakrales Botox für die Seele.

Genau diese unseriöse Versicherung gegen Qualen in der Vorhölle hieß »Ablass«. Und weil der Wortstamm »lassen« ursprünglich »schlaff werden« bedeutet, ging es quasi darum, die Impotenz der menschlichen Schuld hervorzuheben. Oder eben gerade nicht. Man kann sagen: Das war so eine Art »Negativ-Viagra« zur Unterstützung der »Erektilen Dysfunktion« im moralischen Bereich. Was natürlich zugleich ein äußerst unfeines Spiel mit der Angst hervorbrachte: »Die Seele aus dem Feuer springt, wenn das Geld im Kasten klingt.« So lautete damals der coole Slogan, oder wie man heute sagen würde: der »Claim« der ganzen Kampagne. Und die war ein absoluter Hit.

Die Sehnsucht, sich zu erleichtern, ist und bleibt eben urmenschlich, und so strömten die Leute scharenweise zu den mobilen Heils-Discountern, um einen gesiegelten Brief zu erhaschen, der vollmundig versprach, ihnen fünf oder gar zehn gruselige Jahre im Fegefeuer zu ersparen. Ja, vermutlich gab es auch noch Rabatt-Aktionen: »Buy one, get one free.« Je nach monetären Möglichkeiten. Kurz gesagt: Wer den Eindruck hatte, er könne vom Bösen nicht ablassen, der kaufte sich stattdessen einen bösen Ablass.

Nun, Martin Luther war nach langem Hin und Her und mehreren großangelegten, eigenen Feldversuchen zu der Überzeugung gelangt: Die abgrundtiefe Triebhaftigkeit des Menschen lässt sich finanziell nicht wirklich korrigieren. Falsch bleibt falsch. Und schon gar nicht kann man den Schöpfer des Himmels und der Erde mal eben bestechen und die menschlichen Fehlgriffe damit so mir nichts, dir nichts entschuldigen (Apropos »Fehlgriffe«: Man denke nur an Jogi Löw bei der EM 2016). Der einzige, der die tiefen Falten in unserem Gewissen wieder geradebügeln kann, ist Gott selbst. Und der macht das auch, sogar gerne … allein aus Gnade. Also: unentgeltlich. Wenn man ihn denn lässt.

Tatsache ist: Als Martin Luther voller Elan die Wittenberger Kirchentür in ein Nagelstudio verwandelt und die rüde Praxis des Sündendumpings verdammt, da sorgt er für einen unfassbaren »Ablass-Skandal«, gegen den der »Abgas-Skandal« von VW ein Sommermärchen bleiben wird. In höchst wildem Latein wettert der Theologe gegen die Missbrauchsfälle in der katholischen Kirche – wobei er sich zu seiner Zeit tatsächlich auf die fiskalischen Umtriebe beschränkt – und stellt damit das gesamte Machtgefüge seiner Zeit in Frage. Wenig später steht die Welt Kopf.

Natürlich waren die »Thesen wider den Ablass« vor allem ein Auslöser – nicht nur der Tropfen, der das Weinfass zum Überlaufen, sondern gleich der Funke an der Zündschnur, der das Pulverfass zum Explodieren brachte. Aber die Nagelprobe funktionierte: Die Gesellschaft wachte auf. Und einige standen sogar auf. Wobei Luther schnell klar wurde, dass man nicht nur gegen was sein kann, sondern auch deutlich sagen muss, wofür man ist. Sonst hat man ja immer nur Anti-Thesen und niemals Pro-Thesen.

Wie dem auch sei: In dem ganzen Tohuwabohu, das dieser enthemmte Anschlag 1517 auslöste, bekam der aufmüpfige Dickschädel Lust, den unerwarteten Schwung auszunutzen und gleich die ganze Kirche zu reformieren.

Und den Rest der Welt noch dazu. Womit er auf ganz unterschiedlichen Ebenen auch zum Mitbegründer der modernen Gesellschaft wurde: Zivilcourage, Individualismus, Verantwortung, Menschenwürde und viele andere Säulen unserer bunten verwirrenden Lebenskultur im 21. Jahrhundert verdanken wir unter anderem den Impulsen des Wüterichs aus Wittenberg. Und die haben es wirklich in sich.

350 Veröffentlichungen hat Martin Luther im Lauf seines skurrilen und abenteuerlichen Lebens verfasst, um den Menschen eindringlich klar zu machen, wie das mit der »Erneuerung« (Reformatio) des Daseins funktioniert – und dabei immer wieder darauf hingewiesen, dass die wichtigste aller Reformationen die des Herzens ist. Wer sich selbst verändern kann, der hat auch das Potential, die Welt zu verändern. Insofern gilt es, herauszufinden: Woran merkt man, dass jemand ein befreites Herz hat? Luthers Antwort ist ganz einfach: am Lachen.

Daher sein markiger Ausspruch: »Wo Glaube ist, da ist auch Lachen.« Verständlicherweise: Wer mit sich und der Welt im Reinen ist und sich gut im Universum aufgehoben fühlt, der kann die zahllosen Ungereimtheiten des menschlichen Treibens ganz gelassen mit einem herzhaften Lachen quittieren. Oder wie man heute sagt: »Der hat gut lachen!« Der grobe Feingeist aus Wittenberg selbst beschrieb die Heiterkeit des Seins dann auch gerne mit folgenden Worten: »Aus einem traurigen Arsch kommt kein fröhlicher Furz.« Anders gesagt: Wenn ein Glaubender schon mal ein Arschloch ist, dann bitte mit Humor.

Nebenbei: Offensichtlich war der menschliche Hintern im spätmittelalterlichen Grobianismus grundsätzlich ein rundum beliebtes Anschauungsorgan, jedenfalls erwähnt der große Reformator mehrfach sehr pointiert: »Ich weiß kein besseres Exempel gegen die menschlichen Satzungen als den Arsch. Der lässt sich nichts befehlen und will selber Herr sein.« So entstand vermutlich das Wort »Po«-litik. Kein Wunder, der werte Herr Professor aus Wittenberg befand ja auch an anderer Stelle, man solle »den Teufel« nicht nur »verspotten«, sondern ihm gar lässig »entgegenpupsen«. Lasst uns gnädig sein: Da es damals noch keine Kindergärten gab, seien dem hochgebildeten Fäkalakrobaten diese ungehobelten Sprüche auf Kindergartenniveau verziehen.

Tatsächlich liebte Luther das Lachen. Als Ausdruck der inneren Freiheit und als Waffe gegen die Schwermut, die ihn gelegentlich überfiel – und gegen die dann eben nur Leichtmut hilft. Darum las der Reformator besonders gerne die Abenteuer von Till Eulenspiegel und verstand sich selbst als Possenreißer und Narr Gottes. Ja, es gibt sogar einige sogenannte Experten, die den unfassbaren Erfolg von Luthers Schriften damit begründen, dass seine Werke so voller frecher Formulierungen, geistreicher Wortspiele und ironischer Schärfe sind. Ganz falsch wird das nicht sein. Wir müssen uns Luther trotz mancher Jammerei als einen fröhlichen Menschen vorstellen.

Und genau darum ist dieses Buch der hinreißende Versuch, die großen Leitthemen Luthers mal aus der Sicht der Possenreißer unserer Zeit zu sehen, nämlich der Kabarettisten. Vor allem, wenn man die erstaunliche Entdeckung macht: Viele großartige Kabarettisten sind Theologen. Oftmals sogar mit Abschluss. Also: manchmal zumindest. Bei einigen dieser Sakralhumoristen hat's zum Pfarrer irgendwie nicht gereicht, andere fanden, es sei einfach neckischer (und deutlich lukrativer), die Menschen auf einer Bühne als auf einer Kanzel zu unterhalten, und wieder andere waren für den Pfarrdienst schlichtweg überqualifiziert. Aber es gibt in unserer exquisiten Texterinnen- und Texter-Auswahl auch einige Doppelagentinnen und Agenten (soviel Zeit muss in gendergerechten Zeiten sein), die sowohl im Talar als auch im Rampenlicht herumstromern – und gelegentlich diese Rollen zur lustvollen Verwirrung ihrer Schäfchen und Schäfchinnen sogar durcheinanderbringen.

Entscheidend ist: Wenn solche heiteren Theologen anfangen, über Martin Luther und seine Reformation nachzudenken, wird es nicht nur irre komisch, sondern auch unglaublich geistreich. Ganz gleich, ob sie das in Form eines Sketches, eines poetischen Textes oder eines launigen Vortrags tun. Weil manches verschmitzte Verstehen deutlich tiefer geht als erhabenes Philosophieren.

Daher gilt: Lassen Sie sich von hochkarätigen, frechen Wortkünstlern erklären, wie das nun ist mit der Gnade, dem Glauben, der Kirche oder der Heiligen Schrift. Denn Lachen befreit – und alles, was Luther anstiftete, sollte Menschen befreien. Vorhang auf!

Fabian Vogt

Wer lacht, hat keine Angst

Irgendwie ist das doch schön: Jede Konfession hat ihren Heiligen Martin. Der Heilige Martin der Katholiken hat seinen Mantel geteilt. Der Heilige Martin der Protestanten hat ... die Kirche geteilt. Genau. Nicht das Meer, wie Mose, aber immerhin die Christenheit. Auch nicht schlecht. Und vor allem deutlich spektakulärer als ein vergammelter Soldatenumhang. Nun, vermutlich hatte Luther zu seiner Zeit ohnehin schon einen Mantel-Tarifvertrag.

Auf jeden Fall lohnt es sich, diesem frech-frommen Revoluzzer mal kabarettistisch auf den Zahn zu fühlen und sich seinen Themen vergnüglich zu nähern. Schon um zu verstehen, warum er seinen Namen vollmundig von Luder in Luther änderte. Ich meine: Wer heißt schon freiwillig Luder? Eigentlich niemand. Martin, das Luder? Klingt ziemlich anrüchig.

Der Reformator jedenfalls war überzeugt: Wer Gott richtig kennenlernt, der entdeckt die wahre Freiheit des Seins. Und weil »frei« bei den alten Griechen aus irgendwelchen linguistischen Gründen »eleuteros« hieß, bastelte sich der entfesselte Theologe daraus flugs den Künstlernamen »Luther«. Der Befreite. Das ist so, als würde sich Angela Merkel »Die Raute« nennen. Oder Sigmar Gabriel »Der Voluminöse«. Oder so ...

Bei all dem sollte man nie vergessen: Martin Luther war

ein wilder Erneuerer, einer, der voller Leidenschaft für die Veränderung eintrat. Und dann kam die evangelische Kirche und sagte: »Diesen wunderbaren Geist der Erneuerung, diesen unbändigen Willen zur Weiterentwicklung ... den müssen wir ... festhalten.« Und – schwupps – wurden die innovativen Ideen des Wittenbergers in Kirchenordnungen, Liturgien und Ritualen zementiert. Das heißt: Viele protestantische Gemeinden sind heute so etwas wie ein Museum für 500 Jahre alte Frischluft. Da reden die Leute zwar viel von Rechtfertigung, wirken dabei aber nur eines, nämlich: recht fertig.

Wirklich. Die evangelischen Kirchen arbeiten heute ja meist nach dem Motto: »Wir holen die Leute genau da ab, wo wir stehen.« Und dann wundern sie sich, wenn keiner kommt. Und die besonders Frommen betonen gleich noch: »Wir stehen seit zwanzig Jahren fest im Glauben.« Da kann man nur sagen: »Stimmt! Ihr seid keinen Meter weitergekommen.« Kein Wunder, dass ein weiser Mensch sagte: »Die Kirche zu verändern, das ist genauso schwer, wie einen Friedhof zu verlegen. Warum? Nun: Es mangelt an der Mitarbeit von unten.«

Apropos Friedhof: Fahren Sie bitte niemals mit Ihrem Navi zum Friedhof. Da heißt es dann nämlich immer: »Sie haben Ihren Bestimmungsort erreicht.« Und wenn wir schon bei diesem morbiden Thema sind: Wissen Sie, woran man merkt, dass man alt wird? Ganz einfach: Wenn man beim Besuch auf dem Friedhof denkt: »Lohnt sich der Heimweg?« Aber vom Friedhof zurück in die Kirche. Die muss nämlich zunehmend aufpassen, dass sie nicht mit dem gammligen Gottesacker verwechselt wird.

Schöne Blumen, aber wenig Leben. Viele Steine, aber wenig Kontakt. Ruhe sanft!

Hallo! Euer Gründervater war ein Erneuerer. Ein Meuterer. Ein Reformer. Ein Rebell. Den Blick mutig voraus in die Zukunft: Das heißt evangelisch sein. Nicht dieses neoprotestantische: »Wenn uns alle nett finden, können wir doch zufrieden sein.«

Höchste Zeit also, den wahren Leitspruch der Reformation »Ekklesia semper reformanda«, die Kirche muss eigentlich immer »reformandat« werden, ganz neu zu entdecken. Denn so, wie Luther zu seiner Zeit bemerkte, dass die Kirche nicht mehr so ganz auf der Höhe ihrer Zeit war, könnten sich ja auch die Evangelen von heute mal fragen, ob sie nicht erst dann wahrhaft Luthers Erben sind, wenn sie seine ungestüme Lust an der Veränderung weiterführen. Ja, man wird Luthers Erbe sicher nicht gerecht, wenn man sich einfach an die hehre Vergangenheit erinnert. Es geht vielmehr darum, so wie er das Vorhandene immer neu in Frage zu stellen. Und das scheint bitter nötig.

Denn seien wir doch mal ehrlich: Die Gesellschaft ist im Wandel. So sehr, dass viele Alte gar nicht mehr richtig mitkommen. Immer öfter passiert es zum Beispiel, dass Achtzigjährige verzweifelt wissen wollen: »Sagen Sie mal, Herr Pfarrer, muss ich jetzt auch chillen?« Klare Antwort: »Nein, entspannen Sie sich!«

Eine Seniorin erzählte verwirrt: »Meine Enkel wollen mich andauernd linken. Aber ich bin im Leben schon so oft gelinkt worden, ich will nicht mehr.« Und dann kamen der alten Dame fast die Tränen: »Stellen Sie sich vor: Neulich fragte mich meine Enkelin: ›Sag mal, Oma, wenn ihr früher keine Computer hattet, wie seid ihr eigentlich ins Internet reingekommen?‹ Oder: ›Oma, wie konnten die Leute früher ohne Handy überhaupt überleben?‹ Da habe ich allerdings spontan erwidert: ›Das konnten die nicht, die sind alle gestorben.‹ «

Spüren Sie den Schmerz dieser Frau? Weil sie vieles nicht mehr versteht? Wobei es andersherum ja auch nicht besser ist: Die Jungen verstehen ja auch die Alten nicht mehr. Frag doch mal einen Fünfzehnjährigen: »Magst du Gugelhupf?« Dann kommt in der Regel die Reaktion: »Toll, eine springende Internet-Suchmaschine.« Ja, die meisten Jugendlichen halten einen »Dudelsack« für jemanden, der sich im Internet verabredet, und einen »Blockwart« für einen, der ein Internet-Tagebuch führt.

Besonders übel sieht es inzwischen natürlich mit der religiösen Bildung aus. Die Leute wissen fast nichts mehr von der Bibel oder vom Himmel. Denen muss man eindringlich erklären: »Nein, Golgatha ist keine Zahncreme. – Nein, Pilatus ist kein Muskeltraining. – Und: Nein, ein Messias ist nicht einer, der seine Wohnung nicht aufräumen kann.« Ja, gelegentlich kommt es sogar vor, dass jemand fragt: »Heißt der nächste Sonntag wirklich Brokkoli?« Angeblich soll neulich ein Konfirmand zum anderen gesagt haben: »Wusstest du, dass ein Pferd stirbt, wenn es von mehr als 12 Diakonissen gestochen wird?« Grauenhaft.

Luther würde sich vor Scham im Grab rumdrehen. Denn für ihn war Verständlichkeit das eigentliche Geheimnis einer funktionierenden Kirche. Doch im Lauf der

Zeit wurde aus seinem Leitspruch »Wir müssen den Leuten aufs Maul schauen« nach und nach eher die Devise »Wir müssen den Leuten aufs Maul hauen« – also ihnen genau vorschreiben, wie sie ihren ach so »lutherischen« Gottesdienst doch bitteschön feiern sollen. Exakt entlang der Agende. »Herr, erbarme Dich!« Und wer dagegen aufmuckt, wird mit endlosem »Ein feste Burg ist unser Gott« singen bestraft. Alle Strophen. Und ohne Bewährung. Und natürlich mit den Orgelpfeifen, die an vielen Orgeln sitzen und da (an sich) rumspielen.

Schuld an diesem Dilemma ist natürlich auch die Tatsache, dass Luther selbst heute nicht mehr ganz einfach zu verstehen ist. Tja, der garstige Graben der Geschichte. Nehmen Sie mal den berühmten Ausspruch des Reformators »Allein durch das Wort«. Damit ist nicht gemeint, dass der Pfarrer die Kirche leerpredigen soll, bis er »allein durch das Wort« ist. Denn eines ist ja wohl klar: Eine leere Kirche kann man nicht für voll nehmen. Was viele fromme Vertriebenen-Verbände immer wieder gerne bemerken.

Tatsache bleibt nun mal: Luther war ein Professor. Ein Mann des Großhirns. Einer, der die Leute gerne in die Nachdenklichkeit führte. Das heißt im Gottesdienst: »Einer denkt vor, und die anderen müssen das nachdenken.« Kein Wunder, dass Liturgie und Lethargie etymologisch ganz eng miteinander verwandt sind. Der Wittenberger Freigeist wollte einfach wieder mehr Inhalt in den Gottesdienst bringen – und ist dabei ein bisschen auf der anderen Seite vom Altar gefallen.

Denn man muss schon neidisch zugeben: Die Katholiken haben einfach 1500 Jahre mehr Multimedia-Erfahrung als die Protestanten. Sie erinnern sich sicher noch an die Katholiken – diese Beta-Version des Christentums. Ja, die feiern wirklich mit allen Sinnen. Da sieht man in der Kirche bunte Fenster, lustige Kerzentischchen und fröhlich gequälte Heiligenbilder. Da gibt es im Gottesdienst Geklingel und Gestank und so heilige Wasserpistolen, mit denen man hingebungsvoll bespritzt wird.

Und das ist ja nur das oberflächlich Wahrnehmbare. Viele Evangelen wissen überhaupt nicht, dass im Weihrauch psycho-aktive Substanzen sind. Wirklich. Das stimmt. Die Katholiken arbeiten in ihren Messen ganz offen mit Drogen. Und wie! Diese qualmenden Mittelchen wirken nämlich krampflösend und antidepressiv. Gut, mancher denkt sich: »Das braucht man auch bei dem Programm.« Aber das Konzept an sich scheint doch faszinierend zu sein. Das ist so, als würde sich ein protestantischer Pfarrer vor dem Gottesdienst an die Tür stellen und die Besucherinnen und Besucher fragen: »Willste 'nen Joint?«

Wir trauen uns das nicht. Die Katholiken dagegen haben das Rauschgift im Lauf von 2000 Jahren einfach ritualisiert. Cool, oder? Andererseits: In protestantischen Gemeinden auf Jamaika geht es doch auch. Da steht der Pfarrer entspannt da und will von jedem wissen: »Tüte? Oder geht so?« Und natürlich fragen sich viele: Wenn es irgendwann mal zu Dopingkontrollen nach katholischen Eucharisti-Feiern kommt, wird dann möglicherweise allen die Taufe nachträglich aberkannt? Oder die Sündenvergebung? Oder die Hochzeit? »Ich war so high, ich wusste nicht mehr, was ich tat!«

Andererseits: Ein bisschen »high« könnte den Protestanten in Europa auch nicht schaden. Denn mal ganz ehrlich: Was ist in Europa aus dem evangelischen Gottesdienst geworden? Nun, da herrscht meist eine Fröhlichkeit, wie man sie … äh … nirgends sonst findet. Ja, das ist so eine Freude, die von ganz tief innen kommt – und da eben auch bleibt. Viele bezeichnen diese ausgelassene Sakralstimmung gerne als »Heitere Melancholie«, die gelegentlich bis an die »Erlöste Depression« reicht. Jeden Sonntag eine Ü70-Party.

Ja, gehen Sie doch mal als Spion sonntagsmorgens in einen Gottesdienst. Da kann es passieren, dass Sie reinkommen – und in der letzten Reihe sitzen drei alte Damen. Gut, da versteht man dann wenigstens, warum in der Kirche so viel von »Dreifaltigkeit« die Rede ist. Allerdings stellt sich dann sofort die Frage: »Sind diese Frauen heute Morgen neu gekommen, oder sitzen die immer da?« Ja, da bekommt das Wort »alteingesessen« ganz neue Brisanz. Bisweilen ist man sich nicht einmal sicher: »Leben die überhaupt noch?« Oder wäre das wie beim Domino-Day: Wenn du die erste anstößt, fallen die anderen auch um.

Man wartet eigentlich nur noch auf den Tag, an dem reißerisch in der Bild-Zeitung steht: »Drei Frauen saßen 20 Jahre lang tot im Gottesdienst. Keiner hat's gemerkt.« Weil es in den meisten Gottesdiensten nämlich gar keinen interessiert, ob man da ist oder nicht. Jedenfalls nicht den schwarzen Nachtfalter, der vorne seine »One-Woman-« oder »One-Man-Show« abzieht. Ja, nachher beim Kaffeetrinken, da macht er einen auf freundlich, aber während des Gottesdienstes: Pustekuchen.

Einem Pfarrer ist tatsächlich neulich folgendes passiert: Da kommt nach dem Gottesdienst eine Frau zu ihm und sagt: »Ich habe gerade was ganz Lustiges erlebt. Bei Ihrer Predigt stoße ich meinen Mann an und sage ›Guck mal, Karl-Heinz, da vorne ist einer eingeschlafen.‹ Da sagt mein Mann zu mir: ›Deshalb weckst du mich?‹« Gut, ein kleiner Kalauer. Aber leider steckt darin zu viel Wahrheit, um ihn nicht zu erzählen.

Genauso wie den hier: Mitten in der Predigt steht ein Mann auf und läuft raus. Der Pfarrer ruft ihm von der Kanzel hinterher: »Wo wollen Sie denn hin?« Über die Schulter entgegnet der Gottesdienstbesucher: »Ich muss zum Friseur!« Empört erklärt der Geistliche: »Das hätten Sie doch vorher erledigen können.« »Nein«, sagt der Mann, »da war es noch nicht nötig.«

Ein ebenfalls pfarrherrlicher Freund berichtete, dass er kürzlich auf einem Kongress für Gemeindeentwicklung war. Und da gab es unter anderem das Seminar »Körpersprache für Predigende«. Mit so einem Tschakka-Gute-Laune-Referenten. Der sagte: »Wenn Sie vom Himmel predigen, dann müssen die Augen leuchten, das Gesicht muss strahlen und die Mundwinkel müssen nach oben gehen.« Neugierig fragte ein Besucher: »Und wie soll ich gucken, wenn ich von der Hölle predige?« Antwort: »So wie immer.« Ja, das ist die grausige Realität.

Bevor es richtig los geht mit unserer kabarettistischen Erkundung des lutherischen Universums, noch ein letztes Beispiel für den massiven Erneuerungsbedarf des Protestantismus. Wir alle wissen ja nicht erst seit der Bibelübersetzung des Reformators: Worte haben Macht. Insofern müssten wir uns doch eigentlich mal fragen, warum die Leitungsgremien in unseren Kirchengemeinden so unfassbar kontraproduktive und verstörende Namen haben.

Ja, diejenigen, die die Zukunft der Gemeinde in der Hand halten, die in die Zukunft blicken und die Gemeinschaft so richtig in Fahrt bringen sollen, heißen zum Beispiel »Kirchenvorstand«. Sprich: Es geht ums Stehenbleiben. Und der Leiter dieses Gremiums heißt dann auch noch »Vorsitzender«. Super, nicht wahr?

In anderen Regionen nennt man diese sakrale Eingreiftruppe übrigens »Kirchengemeinderat.« Auch nicht viel besser. Da steckt das Wort »gemein« mit drin. Und anderswo wird es noch dramatischer. Da spricht man eiskalt von »Presbyterium.« Und wer dazu gehört, sagt: »Ich bin Presbyter«. Nicht nur in Hessen klingt das wie »Pressbitter«, also, wie eine schwere Geburt, aber nicht wie echte Führungsqualität. Es soll zudem auch noch Regionen geben, in denen diese kybernetischen Kasper einfach nur »Ältestenrat« genannt werden. Nun, da spürt man den Wandel der Kirchengeschichte besonders deutlich: Jesus hatte Jünger, wir haben Älteste.

In der Schweiz hat man dieses hoffentlich demnächst etwas innovativere Gremium einfach »Kirch-Pflege« getauft, was ein bisschen nach »Altenpflege« und »Hospiz-Gruppe« klingt. Noch verräterischer ist folgende Bezeichnung: Wenn in der Schweiz ein Pfarrer einen anderen Pfarrer vertritt, dann heißt er »Pfarr-Verweser«. Geil, oder? »Was machen Sie beruflich?« »Ich verwese Kirchen.« Naja, manchmal ist es ja tatsächlich so, aber muss man das offen zugeben?

In Freikirchen dagegen heißt die geistliche Elite gerne auch »Gemeinde-Ausschuss«. Das ist meist sehr treffend: Wenn du nichts mehr taugst, dann fängst du an zu leiten.

Erkennen Sie ein wenig, warum es so dringlich ist, dass der Geist Luthers wieder weht? Dass seine beispiellose Freude an treffsicheren und ausdrucksstarken Worten von Neuem in die bundesdeutschen Gemeinden einzieht. Damit wir nicht – ihm widerstrebend – sagen müssen: »Und wenn morgen die Welt unterginge, würde ich heute noch ein Apfelbäumchen fällen.«

Luther stellte sich damals in Worms vor den Kaiser und die Vertreter des Papstes und erklärte im Brustton der Überzeugung: »Hier stehe ich. Ich kann nicht anders.« Was ja dann in der DDR zum Werbeslogan des Trabbis wurde.

Gemeint ist aber: Jeder hat das Recht, die Institutionen in Frage zu stellen und seine Träume von einem lebendigen, fröhlichen, zeitgemäßen und relevanten Glauben nicht nur zu formulieren, sondern auch zu wagen. Und das geht nun mal am Besten, wenn es einem gelingt, seine Ängste zu überwinden. Und wenn Luther sagt: »Wer lacht, der hat keine Angst«, dann outet er sich schon vor 500 Jahren als Freund des Kabaretts.

Also: Fangen wir an! Und zwar voller Hoffnung. Denn wenn viele heute unken: »Mit der Kirche geht es doch bergab.« Dann erwidert der Kabarettist: »Super, da kommt sie endlich mal in Fahrt.« Außerdem gilt: Die Zukunft sieht vieler sonniger aus, als manche denken. Zum Beispiel eifert die Jugend wieder Jesus nach. Ja, wirklich: Bis dreißig zu Hause – und wenn sie mal was tun, ist es ein Wunder. Da kann doch nichts mehr schief gehen. Halleluja!

Fabian Vogt

Andreas Malessa

Luthers Leben

(Tisch diagonal zum Publikum, darauf ein ausgerollter großer Bestuhlungsplan. Hinter dem Tisch zwei Stühle, davor ein Stuhl)

Moderation: *(aus dem Off)* Die offizielle Feier zum 500. Reformationsjubiläum wird live im Fernsehen übertragen. Wer auf der Gästetribüne hinter dem Rednerpult sitzt, ist dabei ebenso oft im Bild wie zum Beispiel Bundespräsident i. R. Joachim Gauck oder der EKD-Ratsvorsitzende Heinrich Bedford-Strohm.
Das heißt: Für den Hintergrund braucht man harmlosfreundliche Promigesichter, nicht ablenkend, aber bildfüllend. Zuhörendes Publikum heißt bei Kameraleuten übrigens »Füllfleisch«.
Über die Besetzung dieser Gästetribüne beim Reformationsjubiläum entscheidet zurzeit eine sogenannte »Füllfleisch-Kommission«. Mit Rücksicht auf die Ökumene gehört Deutschlands ranghöchste Katholikin dazu, mit Rücksicht auf die Gleichstellungsbeauftragten der EKD gehören nur Frauen dazu, und mit Rücksicht auf die Kosten gehören überhaupt nur zwei Kommissionsmitglieder dazu.
Meine Damen und Herren, bitte begrüßen Sie die Botschafterin Deutschlands beim Heiligen Stuhl, die Katholikin und ehemalige Bildungsministerin, Frau – viel-

leicht – Doktor … Annette Schavan! *(Auftritt Annette Schavan, graukonservatives Kostüm, flache Schuhe, Leitzordner im Arm, setzt sich)*

Sowie: Die Reformationsbotschafterin zwischen allen Stühlen und ehemalige EKD-Ratsvorsitzende, Frau – irgendwie auch – Professorin Margot Käßmann! *(Auftritt Margot Käßmann, knallgrünes Twinset, rote High-Heels, ins Tablet tippend, nickt kurz zu Annette Schavan, setzt sich.*

Schavan blättert zügig Papierseiten von rechts nach links, Käßmann scrollt mit vier Fingern etwas auf ihrem smarten Tablet nach oben. Beide sprechen die folgenden Namen im schnellen Wechsel.)

Käßmann   Also. Buchstabe »L«. Wen können wir denn da gebrauchen? LaGarde, Christine – vom Internationalen Währungsfonds. Guckt immer so streng. Zweite Reihe.

Schavan   Lammert, Norbert – Bundestagspräsident. Sitzt auch sonst immer hinter den Redenden. Erste Reihe.

Käßmann   Lanz, Markus – ZDF-Talkmoderator, redet am liebsten selbst. Hinterste Reihe. Lewandowski, Robert – Fußballer. Bayern München. Ebenfalls hinterste Reihe.

Käßmann   Liefers, Jan Josef – Schauspieler. *(lächelt beseelt)* Erste Reihe, erste Reihe! Ganz vorne. In meiner Nähe.

Schavan   Von der Leyen, Ursula – Model für Militär-Outfits. Haben wir die bei »L« wie Leyen oder »V« wie »von der«?

Käßmann   Hinterste Reihe. Nichts ist gut in Absurdistan.

Schavan   Bei Buchstabe »L« müssen wir sowieso ein bisschen sparen, ich hab' nachher noch wahnsinnig viele mit »M«. *(blättert hektisch)* Maas von der Justiz, Mazyek vom Islamrat, Maschmeier von der Ferres, Mattussek, Merkel, Müller ...

Käßmann   Den Müller vom VW-Vorstand oder den von der Müllermilch? *(schaut vom Tablet auf)*

Schavan   ... nee, den von der Inquisition. Georg Ludwig Müller aus Rom und Regensburg. Trägt immer knallig kardinalsrote Umhänge, obwohl er pechschwarz ... *(Es klopft)*

Käßmann   *(springt auf, kommt hinter dem Tisch hervor)* Das wird ein Kandidat mit »L« sein, »L« wie Lindenberg. Lindenberg, Udo.

(Auftritt Luther. Im Originalkostüm. Klein, dick, schüchtern. Bleibt stehen)

Luther   Luther, Martin. *(schaut staunend an Käßmann herunter)* Sie sind doch ... also ... Sie sind doch keine Füllfleisch-Kommission!

Käßmann Martin Luther? *(rückwärts zu Schavan gewandt)* Kommt der unter »L« oder »M«? *(wieder zu ihm)* Was ... aber ... wieso? Sie stehen doch schon im Logo der Reformationsdekade, auf hundert Marktplätzen, vor tausend Kirchen. Was wollen Sie denn noch hier auf der Fernsehtribüne?

Schavan Ach, das ist bestimmt das Luther-Double vom Stadtmarketing Wittenberg, süüüüß!! Hätt' ich glatt vergessen, hier, Moment ... *(blättert in ihren Unterlagen)*

Luther Entschuldigung, ich bin der Stellvertreter Luthers auf Erden und ...

Käßmann Nein, das bin ich. *(setzt sich wieder.)*

Schavan Daaaa, ich hab' ihn! L wie Luther, Martin. Bitte, nehmen Sie doch Platz. Also *(liest vor)*: 20 Jahre in der Kinder- und Jugendpsychiatrie, dann auf dem zweiten Arbeitsmarkt beworben und in zehn Jahren Lutherdekade jeden Tag so oft Luther gespielt, dass ... *(Luther setzt sich, nimmt sein Barrett ab)* ... es zu einer paranoid-schizophrenen Identifikation gekommen ist ... und Sie sich in apostolischer Sukzession für Petrus halten, äh, für Martinus halten, weil ...

Luther Weil ich am 10. November 1483 geboren und am 11. November getauft wurde, dem Namenstag des Heiligen Martin, ja! Und so wie der seinen Mantel mit dem Bettler teilte, musste ich immer meine Spielsachen mit sieben jüngeren Geschwistern teilen. Das fand ich sehr ungerechtfertigt.

Käßmann Diese Leere im Kinderzimmer und die Rechtfertigung von Ihrem Vater, die war doch ... ich meine ... Ihr Vater Hans Luther war Teilhaber von acht Bergwerksschächten und drei Kupferhütten in Thüringen! Zum armen Arbeiterkind stilisiert wurden Sie doch erst an Ihrem 500. Geburtstag, 1983 in der DDR! Tatsächlich fehlte es Ihnen an nichts.

Luther Doch. An Liebe. Hans Luther prügelte mich, bis das Blut floss.

Schavan *(zeigt Käßmann eine Aktenseite und flüstert)* Der katholische Frankfurter Domherr Johann Cochläus schreibt 1549, die flotte Margarete Luther, geborene Lindemann, habe sich im Dorf Möhra leidenschaftlich mit dem Teufel amüsiert. Ohne Gummi natürlich. Ist ja heut' noch verboten. Meinen Sie, der Junge war ein Satansbraten?

Käßmann Glaub ich nicht. Mit Spekulationen der Boulevardpresse kenn' ich mich aus. *(zu Luther gewandt)* Ihr Vater zwang Sie dann, Jura zu studieren ...

Luther Mit Schwerpunkt Schürfrechte, ja. Fand ich aber nicht so tiefschürfend. Ich hab' das Jurastudium abgebrochen, weil ...

Schavan   *(wieder mit einer Aktenseite zu Käßmann flüsternd)* Der katholische Kirchenhistoriker Albert Mock schreibt 1985, Luther hätte einen Mitstudenten, Hieronymus Buntz, bei einem Duell getötet! Er musste ins Kloster fliehen, um der Strafverfolgung zu entgehen …
(Käßmann verdreht die Augen, zeigt Schavan den Vogel)

Luther   … ich am 2. Juli 1505 bei Stotternheim beinah vom Blitz erschlagen wurde und Angst vor Gottes Strafe hatte …

Schavan   *(scharf im Ton)* Strafe wofür?

Luther   Für unreine Gedanken, Triebe, Bedürfnisse, Fehler, Schwächen, Wut, Feigheit, Müdigkeit, für alles. Für mein Sosein, verstehen Sie? Ich wurde Mönch im Augustinerkloster und hab gebetet, gebeichtet, gebüßt, war stolz auf so viel Härte gegen mich selbst, aber Stolz ist ja auch wieder Sünde, also ging der Zirkus der Zerknirschung von vorne los und …

Käßmann   Trotzdem wurden sie 1507 zum Priester geweiht, 1512 zum Doktor der Theologie an der Uni Wittenberg promoviert …

Luther   *(zu Schavan gewandt)* … bei mir kam halt erst die Zerknirschung und dann die Doktorarbeit, Frau Schavan, nicht umgekehrt …

Käßmann ... 1513 sind Sie schon Prediger an der Stadtkirche, halten Vorlesungen über die Psalmen und den
Römerbrief, seit 1515 machen Sie zudem das Control-
ling für zehn Klöster im Umland – eine steile Kirchen-
karriere. Respekt!

Schavan *(legt ihre Hand auf M.K's Unterarm, mali-
ziös indigniert)* Steile Kirchenkarrieren können ja so
plötzlich und peinlich enden, nicht wahr, Frau Käßmann?

Luther Isse dann ja auch. Ich wunder mich noch,
warum keiner mehr zur Beichte kommt, da wedelt ein
gewisser Markus Menner mit einem Ablassbrief, auf
dem steht: »Freigesprochen vom Vorwurf des Tot-
schlags. 7 Dukaten, gespendet für den Bau des Peters-
doms in Rom.« Quittiert von Ablasshändler Johann Tet-
zel. Vor mir steht ein Mörder und dreht dem lieben Gott
eine Nase?!

Käßmann *(springt begeistert auf, ruft mit bebender
Stimme)* Und in heiligem Zorn verfassen Sie am Vor-
abend des Allerheiligenfestes 1517 Ihre 95 Thesen
gegen den Ablasshandel, schlagen sie an die Tür der
Wittenberger Schlosskirche und unter diesen Hammer-
schlägen bricht die katholische Welt ...

Schavan *(zupft Käßmann am Ärmel, drückt sie zurück
auf den Stuhl, flüstert mit Hinweis auf ein Papier aus ihrer Akte)* Der Lutherforscher Prof. Seitz wunderte sich

1961, warum Luther den Thesenanschlag in 7000 Tischreden, 2585 Briefen und Hunderten von Predigten mit
keinem Wort je erwähnt hat. Die Nummer mit dem
Hammer ist wahrscheinlich eine evangelische Legende.
Er hat ...

Luther   Ich hab' dann 95 Thesen gegen das Verhökern
der Vergebung geschrieben. Auf lateinisch ...

Schavan   ... was die Wittenberger Passanten an der
Schlosskirchentür eh nicht verstanden hätten ...

Luther   ... und das Thesenpapier den zwei zuständi-
gen Bischöfen in Mainz und Brandenburg geschickt.
Die haben aber gar nicht reagiert, trotz meiner echt net-
ten Betreffzeile.

K + S   *(gemeinsam)* Hä ??

Luther   Mein Begleitschreiben zu den 95 Thesen.
*(Holt zerknitterten Zettel raus, liest theatralisch und un-
terwürfig vor)* Verzeiht mir, hochwürdigster Vater,
durchlauchtigster Fürst, dass ich Menschenstaub ein
solches Maß an Vermessenheit besitze, an einen Brief
an Eure erhabene Hoheit überhaupt nur zu denken.
Meiner Niedrigkeit und Erbärmlichkeit sehr wohl bewusst, bitte ich dennoch ungehörigerweise, Eure bi-
schöfliche Milde möge meine Gedanken gnädiglich entgegen nehmen und ...«

(Käßmanns Gesicht zeigt zunehmend Empörung; Scha-vans Gesicht genießt jeden Satz wonnevoll)

Käßmann Widerlich! Das klingt ja wie ... wenn der Bayerische Rundfunk um ein Interview mit Horst Seehofer bittet!

Schavan Glänzend formuliert! Haaach, hätten die Wirtschaftsprüfer in Limburg in dem Stil an Bischof Tebartz van Elst geschrieben, wäre der heute noch da! *(beugt sich vor zu Luther)* Und was passierte dann?

Luther Nix.

Schavan Wie, nix? Ich dachte, *(schaut zu Käßmann)* die katholische Welt brach zusammen?

Luther Nee, nur Johann Tetzels Geschäftsmodell mit den Ablassbriefen. Erst am 7. August 1518 kam dann die päpstliche Einladung nach Rom ...

Käßmann ... sich die schöne Stadt von einem Holzhaufen aus anzuschauen. Man steht erhöht, es wird immer heller, heiß ist es auch ... brandheiß ...

Luther ... aber ich bin nicht hingefahren. War ja schon mal in Rom. Ich hab zu Hause Bücher über die Freiheit des Christenmenschen geschrieben, mich in Leipzig und Augsburg mit Theologen gestritten, wurde dann vom Papst gebannt, aber vom Kaiser eingeladen.

Zum Reichstag nach Worms. Mit Übernachtung und Frühstück bei voller Rückreiseversicherung, also freiem Geleit.

Käßmann So'ne Zusicherung hätte Edward Snowden auch gern, bevor Donald Trump ihn nach Washington einlädt. *(steht auf, geht um Luther herum, stellt sich hinter ihn, fasst seine Schultern und knetet sie leicht)* Sie haben sich dort geweigert, Ihre Thesen zu widerrufen, solange die nicht von der Bibel und der Vernunft widerlegt würden. Sie seien an Ihr Gewissen gebunden, haben Sie gesagt und damit *(bekommt wieder Pathos-Tremolo in die Stimme, knetet jetzt heftiger)* das von eigener Bibellektüre und von eigenem Nachdenken geprägte Gewissen über alle kirchliche und staatliche Autorität gestellt! Am 18. April 1521 in Worms haben Sie den Individualismus erfunden, die moralische Rechenschaftspflicht der Regierenden, die Religions- und die Meinungsfreiheit und …

Luther Könnten Sie ein bisschen tiefer massieren? Es juckt zwischen den Schulterblättern. Da … nee, tiefer bitte. *(beugt sich im Sitzen vor)*

Käßmann Hier, wo ich stehe, kann ich nicht anders. Gott helfe Ihnen, Amen. *(hebt bedauernd die Hände, geht zurück zu ihrem Platz hinter dem Tisch)*

Schavan Also jetzt mal halblang! Bevor jeder Depp sich auf die Bibel berufen kann und dann kackfrech den

Papst und den Kaiser daran messen darf, muss man sie ja erst Mal lesen können, die Bibel, stimmt's?

Käßmann *(tackert auf ihrem Tablet herum)* Ich kann sie grad nicht lesen, mein Akku ist leer.

Luther Deswegen hab ich die Bibel ja auf Papier übersetzt. Nicht als erster, aber als Bester. Im Grunde aus Langeweile. Ich wurde auf der Wartburg versteckt. Dahin hatten mich Freunde sicherheitshalber entführt.

Käßmann *(zu Schavan gewandt)* Als Reiserücktrittsversicherung von der Rückreiseversicherung, verstehen Sie?

Schavan *(mit Papier zu Käßmann gewandt, flüsternd)* Aber Albrecht Dürer aus Nürnberg, der langhaarige Maler, kennen Sie den? Der schreibt im Mai 1521 ganz bestürzt in sein Tagebuch, Martin Luther läge tot im Schacht einer Silbermine in Thüringen, von einem Degen durchbohrt!

Käßmann Der Boulevard, Frau Schavan, der Boulevard. Und wenn's so gewesen wäre – wer hätte dann die Heilige Schrift auf Deutsch geschrieben? Gott selbst vielleicht? Das glauben nur die Fundis unter den Evangelikalen.

Luther Nee, ich hab' die geschrieben. Also übersetzt. Das Neue Testament in elf Wochen, das Alte in elf Jahren. Am liebsten mit so Wortpaaren: Ja und Amen. Brief und Siegel. Herz und Nieren. Spreu und Weizen, Lug und Trug, Treu und Glauben, Zeichen der Zeit ...

Schavan   Ach, du lieber Himmel, apropos »Zeit«! Wir müssen doch die Füllfleischtribüne für die Fernsehübertragung besetzen! Nach »L-u« kommt »M-a« *(blättert hektisch in ihren Unterlagen)*, Ma ... Ich glaub' der Lothar Matthäus wartet auch schon draußen. Da fällt mir ein: Wann haben Sie geheiratet und wie oft?

Luther   Mit 42. Zwei Mal.

K + S   Wie bitte ??

Luther   Also, die Kathie war ja mit 24 als Nonne aus dem Kloster geflohen, war zwei Mal unglücklich verliebt, wohnte übergangsweise bei den Cranachs und irgendwann isses ihr dann so rausgerutscht: »Den Doktor würd' ich schon nehmen« hat sie gesagt.

Käßmann   *(legt ihre Hand auf Schavans Unterarm, zu ihr gewandt)* Doktortitel machen auch ältere Partner noch attraktiv, spüren Sie's?

Luther   Na ja, und dann haben wir am 13. Juni 1525 bei mir zu Hause heimlich geheiratet und am 27. Juni in der Stadtkirche öffentlich. Aber alles legal! In der Hochzeitsnacht waren schließlich Justus Jonas und Johannes Bugenhagen als Zeugen dabei.

K + S   Wie bitte ?? *(Luther nickt und zuckt mit den Schultern)*

Schavan   Als Zeugen oder zum Zeugen?

Luther   Als Trau-Zeugen. Die Übertragung der Rechte und Pflichten des Brautvaters an den Bräutigam, Versorgungsansprüche und so, die geschah dadurch, dass notariell beglaubigt wurde: Die beiden stecken ab jetzt unter einer Decke. Kennen Sie doch noch umgangssprachlich, oder? Unsere sechs Kinder haben wir schon alleine gekriegt. Also zu zweit, meine ich.

Schavan   *(mit Papier zu Käßmann gewandt, flüsternd)* Aber Domherr Johann Cochläus meint 1546, Luther hätte die Evangelische Kirche nur deshalb gegründet, weil er, ich zitiere, ein »Wüstling und Nonnenhengst« war!

Käßmann   *(kopfschüttelnd zu ihr)* Luther hat die evangelische Kirche nicht gegründet. *(holt einen hölzernen Zahnstocher hervor)*

Schavan   Und die katholische hat er nicht wirklich reformiert. Fragen Sie mal Josef Ratzinger. So gesehen starb Martin Luther als ein … als ein … ja was eigentlich?

Käßmann   *(Zahnstocher kauend, wie Kojak mit Lolli, achselzuckend)* Keine Ahnung. Offenbar starb er ja nicht mal richtig. Sonst säße nicht dieser Re-Inkarnations-Freak bei uns. Jurist, Mönch, Theologe, Übersetzer, Bildungspolitiker, Lobbyist, Familienvater ...

Luther   Entschuldigung – was kauen Sie denn da?

Käßmann Zahnstocher. Wieso?

Luther   Von dem Bettgestell, in dem ich am 18. Februar 1546 in Eisleben starb, säbelten meine Fans heimlich Holzspäne ab, weil das gegen Zahnschmerzen helfen sollte. Die Eislebener Pfarrer verbrannten mein Sterbebett 1707, um diesen unevangelischen Reliquienkult zu beenden.

K + S   Woher wissen Sie das, wenn Sie als echter Martin Luther 1546 gestorben sind?

SCHWARZBLENDE

Hans-Joachim Greifenstein

Glaube

Ein klassischer Skeptikerspruch geht so: »Glauben? Was soll man glauben? Ich glaube, dass ein Pfund Rindfleisch eine gute Suppe gibt. Da weiß man, was man hat.«

Doch dann kamen die Lebensmittelskandale und jetzt müssen selbst die Zweifler sagen: »Hoffentlich ist im Rind überhaupt noch Fleisch drin und keine zusammenge-speichelten Tofu-Imitate.« So wie es im alten Metz-gerspruch über die Wurst hieß: »Wenn raus kommt, was da reinkommt, kommen wir rein, ohne wieder raus zu kommen.« Lebensmittelskandale haben schlimme Folgen für den Einzelhandel, denn dann wird nicht nur kein Fleisch mehr verzehrt, sondern dazu noch jede Menge Vertrauen.

Bei Bankskandalen übrigens auch. Wissen Sie, wie vor kurzem noch ein Werbeslogan der Deutschen Bank ge-lautet hat? »Vertrauen ist der Anfang von allem.« Lustig, gell? Das ist so, als ob Graf Dracula gesagt hätte: »Blut spenden macht alle glücklicher!«

Mitarbeiter der Deutschen Bank haben geholfen, CO_2-Zertifikate zu verschieben, haben massenhaft Strafzah-lungen angehäuft und Milliarden bei miesen Geschäften verbrannt. Das Flaggschiff der deutschen Finanzwelt – ein Frankfurter Zwillingshochhaus voller Schlingel? Wer ver-traut heute noch der Deutschen Bank? Höchstens taubstumme und blinde Aliens, die von ganz weit herkommen. Obwohl …

Da hat eine andere Bank doch viel mehr unser Vertrauen verdient: Die gute, alte Kirchenbank, auf der man immer so unbequem sitzt, aber angeblich am gesündesten schläft. Ihr Image ist halt angestaubt, weil im Normalfall zu viele Omas drauf sitzen. Und das macht sie in den Augen der meisten Leute nicht gerade sexy. Andererseits: Iris Berben und Tina Turner sind inzwischen ja auch Omas – und was für welche. Nicht nur daran sieht man mal wieder, dass »Oma-Bashing« unglaublich doof ist.

Es wird aber trotzdem gern gemacht, weil die Stimmungs- und Meinungsmacher in den Werbeagenturen und Trendsetterzentralen nun mal jung, männlich und »modern« sind. Zu Deutsch heißt das: Sie sind ignorant und alters-sexistisch und halten ihre Wortklaubereien für modern und aufgeklärt. Ernst Bloch hatte für diese Mischung aus traditionsfreier Arroganz und keck präsentierten Wissenslücken ein prima Schimpfwort erfunden, er nannte es »Aufkläricht«.

Nur weil etwas älter ist als man selbst und garantiert nicht bei Jan Böhmermann vorkommt, ist es lange noch nicht uninteressant. Manche brauchen halt länger, um aus dem Tal der Ahnungslosen herauszukommen, und nicht umsonst heißt es ja auch im Volksmund: »Mit dem Alter kommt der Psalter.«

Worauf hippe Jungschlaudumme schon eher abfahren, ist, wenn das Spirituelle in möglichst exotischer Form daherkommt. Also: Nicht an die Auferstehung der Toten glauben, weil das von der bekannten Mutter Kirche – also auch einer Oma – stammt. Dafür finden sie aber westindisches Damenbart-Ondulieren gut, weil bei der Afterwork-Party davon noch niemand gehört hat. Solche Leute nennen ihre Designerbabies ja auch nicht Jakob oder Lisa, sondern Torben-Xander oder Neo-Chenelle. Namen, die wie Erlösungsrituale klingen. Oder wie ein grausamer Fluch. Das liegt ja manchmal ganz nah beieinander.

Nichts kann so abgedreht sein, als dass es nicht durch den Charme des Nebulös-Unverständlichen irgendwie interessant sein könnte: Maya-Kalender, keltische Steine, indianische Medizinbeutel – Hauptsache, es kam nie im Konfirmandenunterricht vor und Pfarrer Sommerauer hätte sich darüber ordentlich aufgeregt.

Überhaupt ist das Verhältnis vieler »moderner Menschen« zum Glauben zwiespältig: Sie lächeln über afrikanische Regentänze, hupen aber, wenn sie im Stau stehen. Hat eigentlich mal jemand überprüft, welche Methode am Ende erfolgreicher ist?

Es hat mal Zeiten gegeben, da galt Glauben als allein seligmachend und Wissen als gefährliche Frechheit. Gut war nur das, was schon immer da war, und wer auf neue Ideen gekommen ist, hat sich eine ungünstige Sozialprognose eingehandelt. Fortschrittliche Ideen waren höchst verdächtig, so wie auch heute noch in vielen Kirchengemeinden eine sogenannte »Depression in 3-D« gepflegt wird: »*D*as hatten wir schon! *D*as geht hier nicht! *D*as will hier keiner!« Ganz toll.

Naja, aber darin besteht halt die Last der Tradition: Im Mittelalter zum Beispiel war Neues grundsätzlich unsexy.

Niemand hätte jemals damit Werbung gemacht, dass irgendetwas neu ist. Man hat jungen Wein in alten Schläuchen versteckt, und Käse war erst dann verzehrfrisch, wenn die Maden, die aus der Rinde gekrochen sind, ihren Rentenantrag dabei hatten. Das Alte war bekannt und darum vertrauenswürdig, das Neue wahrscheinlich doch nur wieder eine neue, garstige Gaunerei. So richtig wissen konnte man das ja alles nicht. Und darum war die Wissenswissenschaft, die Philosophie, nur die »Magd der Theologie«, also der Glaube war damals Koch und das Wissen war der Kellner. Na gut, vielleicht der Oberkellner. Was allerdings ziemlich bescheuert klingt. Was denn nun: Ober oder Kellner. Das ist ja wie »weißer Schimmel«. Trotzdem: Bewährtes galt als ideal und die Wissenschaft als anrüchig.

Heutzutage ist es genau umgekehrt. Wenn du irgendeinen Unsinn verkaufsflott machen willst, musst du nur die Formulierung davor setzen: »Wissenschaftler haben festgestellt …« oder, noch besser: »Amerikanische Wissenschaftler haben festgestellt …« Die erklären alles: Warum Marmeladenbrote immer auf die verkehrte Seite fallen, warum es die Welt überhaupt gibt und warum Donald Trump im Herzen ein lupenreiner Demokrat ist. Und das Publikum staunt.

Stephen Hawking ist der Welterklärungs-Oberschlaubi-Schlumpf, und die Nobelpreisträger sind seine Kardinäle. Früher trugen Gurus wallende Gewänder und rochen nach Weihrauch, heute haben sie weiße Kittel an und riechen nach Nerd-Futter – also Pizza, die mit der Folie in den Ofen geschoben worden ist. Man kann also sagen: Heute gilt »Wissen ist Macht, Glauben ist Ohnmacht.«

Und das ist im Grunde genommen gar nicht einmal das Schlechteste, was man dem Glauben nachsagen kann. »Mit uns'rer Macht ist nichts getan« hat Luther fröhlich gedichtet. Der Glaube wirft seinen Anker ja auch nicht nach unten, sondern nach oben. Sein Zuhause ist kein Massivbauwerk, sondern mehr ein Nomadenzeltlager, nicht Statik, sondern Mystik.

Mystiker sind ja Leute, die in sich gehen, dort nix finden und sich dann daran festhalten. Das klingt verrückter, als es ist. Luther hat einmal gesagt: »Wir wollten es gern mit Händen greifen und in die Tasche stecken. Aber das geschieht in diesem Leben nicht.« Die Vernunft war ihm »Frau Hulda« und sie »klügelte« immerzu. Ja, er war trotz seines altehrwürdigen Professorentitels im Grunde ein Wissensskeptiker: »Die Vernunft versteht nicht, dass Christus unser Bruder ist.«

Wer Karriere in der Deutschen Bank machen will, muss fest dran glauben, dass Leistung sich lohnt, jeder seines Glückes Schmied ist und Brav-Sein irgendwann den Schlüssel zur Toilette für die höheren Angestellten einbringt. In dieser Weltanschauung lautet der zentrale Glaubenssatz: »Du bist, was du leistest«.

So geht Glaube in der Bank: Gute Geschäfte mit Gott lassen Deine Himmelsaktien steigen. Oder deine Aktien in den Himmel steigen. Luther dagegen hat im Römerbrief des Paulus entdeckt: Den Himmel kann man sich nicht erstrampeln, in den kann man sich nur hineinglauben.

Dabei lautet der zentrale Glaubenssatz: »Du bist was, weil Gott dich lieb hat«. Das klingt so atemberaubend unprofitabel, dass wir es normalerweise nicht glauben können. Und vielleicht auch gar nicht wollen. Und wenn es uns dann mal doch gelingt, fühlen wir uns wie Hauptgewinner im Existenz-Lotto: »Der Gerechte lebt aus Glauben«, schreibt Luther, »dies Pauluswort ist mir wirklich das Tor zum Paradies geworden.«

Luther war nicht modern, er war sozusagen alt-modern. Denn wer alte, tiefe Wurzeln hat, muss nicht stromlinienförmig sein und nicht bei allen neumodischen Tänzen mithampeln. Bisweilen ist das nervig. Wer aufrecht geht, kommt nämlich dem Krummen in die Quere. Der vielgepriesene Helmut Schmidt zum Beispiel – Gott hab ihn selig – war in den 80er Jahren gründlich angefressen von hunderttausend frommen Friedenschristen, die sich mit seinen Atomraketen einfach nicht anfreunden wollten. Entnervt hat er sie angeschnauzt: »Mit der Bergpredigt kann man keinen Staat machen«! Was uns deutlich zeigt, dass er im Grunde wohl doch eher ein überschätzter Aushilfshistoriker war.

Im Glauben geht es eben nicht um herkömmliche Politik. Jesus wollte den Römern keine Steuerverwaltungsreform vorschlagen, er hat das Reich Gottes verkündigt, das »nicht von dieser Welt« und genau deswegen so ein Kracher ist. Gott ist nun mal anders. Ganz anders. (Insiderwitz für Theologen: Diese Erkenntnis ist auch alt und hat einen Barth.)

Immer wieder haben Leute versucht, sich den Glauben

unter den Nagel zu reißen, zum Beispiel wenn man für einen geplanten Kreuzzug ein paar zehntausend todbereite Ritter-Lemminge gebraucht hat oder aus Imagegründen Kanonen segnen wollte, etwa nach dem Motto: »Zweimal so schnell tötet das gesegnete Schrapnell«. Luther hätte das Abgötterei genannt, denn wahrer Glaube ist ebenso käuflich wie wahre Liebe: nämlich gar nicht.

Das heißt: Gott ist kein Grüß-August für irgendjemandes Weltanschauung. Die Guppies im Aquarium können den Gelbflossenfischen auch nicht beweisen, dass der Aquariumsbesitzer sie mehr mag als alle anderen. Gott ist kein Guppie-Groupie. Aber die Guppies sind davon genauso überzeugt, wie viele Menschen in Texas sich Gott im Grunde nur in Cowboystiefeln vorstellen können. Um es mal klar zu sagen: »God's own Country« ist ein Marketing-Gag, aber kein Glaubensakt.

Zugegeben: Eine bestimmte Auslegungstradition hat sich mit dem »American-Way-of-Life« bis zur Verwechselbarkeit verschmolzen: In US-Bibelfilmen singen die zum Tode verurteilten Christen in der Arena so süß, dass die Löwen davon zuckerkrank werden. US-Fernsehprediger haben Grinse-Gebisse, die sie morgens anziehen und abends auf den Nachttisch legen. Dazwischen wirst du von ihnen damit dermaßen gnadenlos angeoptimistet, dass du ihnen, ohne zu zögern, jeden Gebrauchtwagen abkaufen würdest – auch ohne Lenkrad. Und wenn du Pech hast, dann betet er dich bis an die Front im Irak oder anderswo, wo die amerikanische Eingreiftruppe gerade mal wieder den Frieden herbeibomben will. Und der Prediger guckt immer ganz süß dabei.

So etwas kann nicht folgenlos über Generationen als Religion konsumiert werden, ohne dass es zu Amputationen kommt. Auch ein Evangelium kann ins Koma fallen, wenn es nur noch als Zuckerguss verwendet wird. An Kirchentüren sollte man deshalb den Warnhinweis anbringen: »Achtung: Gottesvereinnahmung gefährdet ihr Glaubensleben!«

Der Glaube folgt manchmal leider einer selbstgemachten Bastelanleitung. Viele machen es wie Gott: Sie erschaffen ihn sich nach ihrem Ebenbild. Franz-Josef Degenhardt zum Beispiel hat in seinem Lied »Der alte Notar Bolamus« das bürgerliche Gottesbild beschrieben als eine »Mischung aus Christkind und Goethe und Landgerichtspräsident«. Sagen wir doch, wie es ist: Für viele Jugendliche sieht Gott inzwischen aus wie eine Mischung aus Justin Bieber und Meister Yoda – und für viele Frankfurter wie eine aus Alex Meier und Heinz Schenk. Luther hat gesagt: »Woran du dein Herz hängst, das ist dein Gott. Gott oder Abgott.«

Der Abgott der Germanen war übrigens die Natur, die Eiche war ihr »Glaub-Baum«, und der Missionar Bonifatius hat dieser Eiche mit der Axt eine finale Wurzelbehandlung verpasst. Analog dazu müssten sich Radikal-Missionare heute Geldautomaten vornehmen, sie vielleicht so umprogrammieren, dass die Dinger nach der PIN-Eingabe statt Geld die tägliche Herrnhuter Losung ausgeben.

Verstärkt würde der dabei ohne Zweifel auftretende Aha-Effekt sicher noch, wenn dazu aus dem Off die Stimme des IKEA-Elches zu hören wäre: »Staunst du noch oder glaubst du schon?« Die Gesichter wären bestimmt interessant! Immerhin werden sie mit der Kamera aufgezeichnet ... Da ließe sich sicherlich manch lohnendes Bildmotiv für die Adventsaktion »Jetzt aber mal ganz andere Zeiten« gewinnen.

Wie immer man die Sache mit dem Rindfleisch und der Suppe betrachten will, am Ende hat doch Luther Recht, der einmal so treffend gesagt hat: »Allein der Glaube ist des Gewissens Friede.« Da glaubt man, was man ist.

Fabian Vogt

Gnade

Es gibt ja seit einiger Zeit in unserer Gesellschaft einen ganz absonderlichen Hang zum Reduktionismus. Ja: Reduktionismus! Kennen Sie bestimmt? Reduktionismus tritt zum Beispiel da auf, wo 80 Millionen Menschen neckisch auf einen einzigen reduziert werden, verbal eingedampft, quasi grammatikalisch interniert.

Sie ahnen, wovon ich rede: Wenn man nicht mehr von einem Volk spricht, sondern nur noch von »Der Deutsche«. *Der* Deutsche! Süß, oder? Vielleicht ist er sogar jetzt hier in unserer Nähe: *der* Deutsche. Und wenn, dann dürfen Sie nie vergessen: Sie sind ein Teil von ihm. Ich sag aber nicht, welcher.

Nett ist doch: Da werden Männlein und Weiblein, Alt und Jung, Links und Rechts, Hübsch und Hässlich, ja, sogar die FDP und Helene Fischer in ein riesiges linguistisches Rührgerät gesteckt und blitzschnell zu einem braunen Einheitsbrei verquirlt: der Deutsche. Und schon sehen wir ihn vor uns: Bierbauchseelig vor der Schrebergartenhütte seine falsch herum gehaltene Deutschland-Fahne schwenkend. Eine Mischung aus Till Schweiger und dem Kettensägen-Massaker 2. Was ohnehin fast dasselbe ist.

Gemäßigtere Geister vermeiden derartig erschreckende Vorstellungen aus nachvollziehbaren Gründen und lassen den ominösen teutonischen Golem nur in ihrer erwählten Sprache auftauchen. Etwa: »Der Deutsche ist ein guter

Ingenieur.« Oder: »Der Deutsche mag gerne M&M's: Mercedes und Mallorca.« Oder: »Der Deutsche hat 0,7 Kinder.« Oder: »Der Deutsche hätte die EM gewinnen können.« Oder: »Der Deutsche ist fleißig ... dabei, seine Werte zu verlieren.«

Historisch kennen wir diese Lust an der Gruppenkomprimierung natürlich schon länger: »*Der* Russe steht vor der Tür.« Na, wenn es nur einer gewesen wäre, dann hätte ja keiner Angst gehabt. Aber »*Der* Russe« war eben das üble Destillat aller schlechten Eigenschaften seiner Rasse. Also: der Russenrasse. Was leider nicht halb so schön klingt wie »Rasse-Russe«. Nebenbei: Heute scheint es ja ohnehin nur noch einen Russen zu geben: *den* Russen. The Putin!

Und wenn man nur noch einen vor Augen hat, dann fällt es irgendwie angenehm leicht, daraus ein widerwärtiges Droh-Bild zu machen: *der* Russe, *der* Jude, *der* Zigeuner, *der* Schwule, *der* Asylant, vor allem: *der* Proletarier (Darum heißt es vermutlich auch: »Proletarier aller Länder, vereinigt euch!« – eben zu einem), *der* Sozialschmarotzer, *der* Banker ... oder: *der* Offenbacher ... obwohl, da stimmt's.

Zart menschenverachtend ist das, weil keckerweise so getan wird, als gäbe es ihn tatsächlich, den einen ultimativen Vertreter einer Volksgruppe. Die Vereinigung aller deutschen Attribute in einem alptraumhaften Wesen. Oder eben die Bündelung aller Flüchtlinge in *dem* einen imaginären Flüchtling, den man dann viel entspannter eklig finden kann als die vielen Individuen. Diesen »Einer-für-alle«-Flüchtling, der Frauen antanzt, um sie südländisch verdorben zu begrabschen, der unser heiliges Sozialsystem zum Kollabieren bringen will, der in Wahrheit der Anti-Humor-Abteilung des IS angehört und der demnächst seine 12 Gattinnen nachholt. Oder heißt das: heimholt?

Wer in seinem Kopf irgendein Bild von »*Der da*« hat, steckt schon mitten drin in der Rassismus-Falle. Und zwar mit beiden Beinen. Und leider auch mit dem Kopf. Vor allem aber kennt er eines nicht: Gnade. Schade! Gnade kann man nämlich nur einem konkreten Gegenüber gewähren, nicht einer anonymen Masse, mag sie auch noch so personifiziert sein. Gnade setzt eine Beziehung voraus. Und wer sich vor Beziehungen drückt, indem er einfach nur Angst vor »*Dem* Anderen« verbreitet, ist und bleibt gnadenlos. Und wohin eine gnadenlose Gesellschaft führt, wollen wir bestimmt nicht ausloten.

Vielleicht tut sich darum der Deutsche mit der Gnade so schwer. Denn seien wir mal ehrlich: Wir haben dieses Wort ja fast vergessen. Diesen charmanten Zweisilber mit dem sanften Knacklaut am Anfang: Gnade. Bei uns gibt es eigentlich nur noch »Gnaden-Brot« – und wenn's dafür nicht reicht, den »Gnaden-Schuss«. Ach ja, und die »Gnade der späten Geburt«, die allemal besser ist als ein früher Tod, aber eben mit dem wunderbaren Geheimnis echter Gnade so rein gar nichts zu tun hat.

Grund genug, sich dem mehr als heilsamen Phänomen der Gnade mal wieder zuzuwenden. Und wie das geht, hat uns die Reformation zum Glück par excellence vor Augen geführt. Schau'n mer mal!

Martin Luther wird in eine Welt hineingeboren, die die Gnade auch vergessen hatte. Da war, ganz im Sinne des Reduktionismus, auch nicht mehr der Einzelne im Blick, sondern nur *der* Glaubende. Und alle wussten: *Der* ist schlecht. Und böse. Für den ist schon jetzt ein warmes Plätzchen in der Vorhölle reserviert – also: kein erhitzter Keks, sondern eine Feuer-Stelle.

Denn selbst, wenn *der* Sünder das mit dem Himmel hinbekommt, wartet vorher auf ihn ein auserwähltes Tortur-Programm. Sado-Maso vom Feinsten. Das Purgatorium. Sozusagen das grauenerregende Wartezimmer der Ewigkeit. Das Gegenteil von Wellness, also: Badness! Einfach teuflisch gut.

Mehr musste *der* Glaubende gar nicht verstehen. Insofern war es für ihn auch ganz egal, ob sein sonntäglicher und verpflichtender Gottesdienst in Latein, in Türkisch oder in Kisuaheli abgehalten wurde und in welcher kryptischen Sprache die Bibel verfasst war. Völlig wurscht. Das Lesen der Heiligen Schriften war zu jener Zeit den Laien ohnehin bei Strafe verboten. Wirklich. Um die leichtgläubigen Menschen vor der reinen Wahrheit zu schützen. Das ist übrigens ein System, das bei den TTIP-Verhandlungen von der EU erst kürzlich wieder erfolgreich eingeführt wurde.

Natürlich hat Luther als Kind seiner Zeit höllische Angst vor einer derartigen Zukunft als Menschen-Barbecue. Wer wird schon gerne geröstet? Ich meine: außer Mandeln?

Und weil im finsteren Mittelalter doch irgendwie die Idee herumgeistert, ein fehlerfreier Mensch könne dem drohenden Elend möglicherweise entgehen, versucht der bibbernde Martin alles, um das Fürchten zu verlernen. Er flieht ins Kloster und bemüht sich, der eifrigste aller Mönche zu werden. Quasi der Meister der Demut. Ja, keiner war so demütig wie er.

Angeblich hat Luther jeden Tag all seine 14 Schutzheiligen angefleht – und jeden Tag gebeichtet. Und zwar jeden Mist. Solange bis sein Beichtvater völlig genervt ausrief: »Martin, du machst aus jedem Furz eine Sünde.« Wirklich, das ist so überliefert. Aber was soll man machen, wenn einem schon der schale Geruch der eigenen Leibeswinde ein Vorgeschmack auf die Vorhölle zu sein scheint? »Au de Schwefel.« Martin ist von Angst zerfressen. Und schon das ist für eine gesunde Verdauung ja nicht gerade förderlich.

Will man die Not des späteren Reformators mal postmodern übersetzen, dann könnte man auch sagen: Luther hat ständig Sorge, nicht gut genug zu sein. Und wenn man das hört, dann ist sein Verhalten dem unserem doch gar nicht mehr so fern.

Luther geißelt sich ständig, um bei Gott Anerkennung zu finden, wir arbeiten 70 Stunden die Woche um gesellschaftliche Anerkennung zu finden oder mit unseren Projekten hinzukommen. Ist doch das Gleiche in Grün. Oder nicht? Bonus statt Beten. Pension statt Peitsche. Dienstwagen statt Demut: »Ach, dass mich doch bitte alle toll finden!«

Luther fragt sich, was sein Leben wert ist, wir umgeben uns mit Dingen, die uns wie Swarovski-Kristalle suggerieren, wir wären wertvoll. Luther will Gott freundlich stimmen, damit der ihn in den Himmel lässt, heutige Männer wollen ihre Frauen freundlich stimmen, damit die sie in ... Sie wissen vermutlich, worauf ich hinaus will. Ist ja auch nur eine Veranschaulichung.

Damals wie heute gab es die tiefe Sehnsucht: »Ach, könnte ich mir doch das Glück verdienen. Ja, ich will selbst meines Glückes Schmied sein. Ich will mir und der Welt beweisen, dass ich mein Heil alleine hinbekomme.« Sich helfen lassen, gilt nun mal seit der späten Antike als ungehöriges Warmduscher-Outing. Herkules, der den ADAC ruft? Undenkbar! Und ein deutscher Mann versinkt lieber triumphierend mit seinem Auto im Morast als einmal nach dem Weg zu fragen. Weil das eine Blamage wäre. Ein Armutszeugnis.

Angeblich belegt eine Studie sogar, dass das Deutsche Volk, also: *der* Deutsche an sich, sich von allen Völkern am Schwersten tut, sich etwas Schenken zu lassen. Das stimmt: Die selbst-gebatikte Krawatte von Tante Grete mag noch so scheiße aussehen, *der* Deutsche hat trotzdem das Gefühl: »Ich will nichts schuldig bleiben. Das muss ich ausgleichen.« Oder noch schlimmer: »Geschenke schwächen mein Selbstwertgefühl. Ich brauch keine Almosen, ihr Luschen! Was ich nicht selbst erarbeitet habe, ist nichts wert. Punkt. Aus. Schluss. Nehmt euren Kram wieder mit. Oder lasst es bleiben!«

Luther merkt früh genug, dass das Leben so nicht funktioniert. Und damit immerhin 500 Jahre früher als wir. Weil es nun mal Dinge gibt, die man nicht machen kann. Sinn. Heil. Glück. Liebe. Die ignorieren unsere feisten Spielregeln der Jagd nach Anerkennung einfach. Ja, Geld kann man verdienen, aber jemand zur Liebe zwingen:

Geht halt nicht. Oder das, was dabei herauskäme, wäre höchstens ein armseliger Liebes-Zombie.

Irgendwann steigt Luther aus dem klösterlichen Hamsterrad des »frommer, heiliger, demütiger« (also des mittelalterlichen »schneller, höher, weiter«), des »Ich schaff das!« und »Ich muss es allein hinbekommen« aus. Oder: Es zieht ihn raus. Genauer gesagt: Ein winziger Bibelvers macht ihm klar, dass all sein Rumgeeiere, sein Schuften, sein Leiden, Wühlen und Abmühen vergeblich war.

Beim Forschen in seinem Studierzimmer platzt bei Luther der Knoten: Gott will überhaupt keine Anstandsschleimer, keine Moral-Helden, Werkgerechten und Perfektionisten. Die sind ihm eher suspekt. Sprich: Da hat irgendeiner irgendwas richtig missverstanden. Oder missverstehen wollen. Gott braucht doch keine Arschkriecher, der braucht echte Menschen, die keine Angst vor ihm haben, sondern ihm aus ganzem Herzen vertrauen. Nicht welche, die Furcht und Ehrfurcht ständig durcheinanderbringen.

Und das mit den Fehlern und Schwächen des Menschen … kickifatz. Weil Gott nämlich gar nicht der Wüterich ist, für den ihn alle halten, er ist nicht der Wotan, der noch immer in den Köpfen der Ex-Germanen herumgeistert. Im Gegenteil. Er ist voller Gunst und Wohlwollen. Sprich: Der Versuch der Angsthasen, allen göttlichen Idealen gerecht zu werden, ist ohnehin zum Scheitern verurteilt – und damit der völlig falsche Ansatz. Der ach so mühselige Weg von unten nach oben ist dicht. Vollsperrung. Hormonstau. Kein Hochkommen. Basta!

Aber der Weg von oben nach unten, der ist frei. Und darum neigt sich Gott den Menschen zu. Tja, und ein uraltes Wort für »Hinunterbeugen« heißt … genau: »Gnade«. Gott ist den Menschen zugeneigt, also: gnädig, und vergibt ihnen ihre Schwächen. Wenn sie das denn wollen. Mehr braucht's nicht, um mit sich und dem Himmel im Reinen zu sein.

Luther nutzt für diese beglückende Erfahrung gerne die Vater-Kind-Metapher: Auch wenn ein Kind unerlaubt und ohne Führerschein mit der Kutsche der Eltern eine Spritztour macht und damit in einen Sumpf fährt, weil es keinen Bock hat, nach dem Weg zu fragen, wird der Vater es doch nicht weniger lieben als vorher.

Die göttliche Gnade hat also was mit Liebe zu tun – nicht nur mit Begnadigung, wie etwa unser aller Bundespräsident sie heute noch bei verurteilten Straftätern gewähren könnte. In der Sprache der Reformation klingt das dann so: »Das Gesetz sagt ›Tu dies‹ und es wird nie getan; die Gnade sagt ›Glaube an den‹ und schon ist alles getan.«

Weil Gnade aus Liebe erwächst, und weil Liebe was mit echten Beziehungen zu tun hat, träumt Luther fortan von einer neuen Kirche, in der nicht mehr *der* Glaubende als anonyme Masse im Fokus ist, sondern jeder Einzelne. Statt Reduktionismus ein ganz weiter Himmel. Also organisiert er fesche Gottesdienste in deutscher Sprache – übrigens mit dem unmissverständlichen Hinweis, dass bitte jede Gemeinde selbst schauen soll, wie sie Gottesdienst feiern möchte –, er schupst die Bildung an, bis sie ins Rollen kommt, er übersetzt die Bibel rotzfrech ins

Deutsche, und erlaubt den vielen erstmals als Individuen wahrgenommenen Leuten nicht nur, die Heilige Schrift zu lesen, er fordert sie sogar leidenschaftlich dazu auf.

Ach ja, und angeblich wird der kleine Katechismus, diese »Glauben für Anfänger«-Broschüre, anfangs vor allem in Form eines Plakats gedruckt, das man aufs kleine Örtchen hängen konnte. Der Beginn der sogenannten »Scheißhaus-Pädagogik«.

Vor allem aber machte der frisch Begnadigte den Menschen Mut, ihr Leben und ihren Glauben selbst in die Hand, bzw. ins Herz zu nehmen, und sich nie mehr von irgendwelchen Scheinheiligen erzählen zu lassen, wie *man* zu glauben hat oder was *der* Glaubende so glaubt.

Was *man* denkt, ist Gott nämlich völlig gleichgültig. Was jede und jeder einzelne von uns denkt, interessiert ihn dagegen sehr. Und weil Gnade ein Geschenk ist, fand Luther eben auch diesen ganzen päpstlichen Humbug mit dem Ablass, also: mit dem »Kauf dich aus der Vorhölle frei«-Konzept, einfach nur lächerlich.

Kein Wunder, dass Gnade bis heute als eines der Schlüsselworte evangelischer Theologie gilt. Oder wie der Schriftsteller Eugene O'Neill es einmal ausdrückte: »Gebrochen ist der Mensch bei seiner Geburt. Er lebt durch Zusammenflicken. Gottes Gnade ist der Leim.«

Für Martin Luther war die Gnade eher wie Balsam auf seiner geschundenen Seele. Das heißt auch: Fortan konnte er endlich ganz getrost und fröhlich sündigen. Ja, das konnte er wirklich. Natürlich wollte er nicht mit Absicht ein Lotterleben führen, aber er war sich bewusst, dass der Mensch »simul justus et peccator« ist, also gleichzeitig von Gott gerecht gesprochen und ein Sünder. Ein zutiefst glückliches Gotteskind. Viel besser als ein unglücklicher Teufelskerl.

Und weil der Mensch seine Macken auch nicht wirklich loswerden kann, prägte der Reformator den Leitspruch: »Sündige tapfer – und glaube tapferer.« Hab Mut, Fehler zu machen, weil du dich darauf verlassen kannst, dass Gott voller Gnade ist. Wenn du aber erkannt hast, dass es überhaupt erst diese Gnade ist, die dein Leben kostbar macht, wirst du von dir aus versuchen, anderen und dir selbst nicht zu schaden. Großartig.

Man kann getrost sagen, dass die Idee der Gnade damals den entscheidenden Wandel vom »Du musst« zum »Du kannst« einläutet. Was für eine Befreiung! Was für ein Paradigmenwechsel. Der allerdings nur selten umgesetzt wird.

Ja, man stelle sich nur vor, *der* Deutsche würde die Gnade wiederentdecken. Nicht mehr hupen, nur weil einer beim Anfahren an der Ampel sein Auto abwürgt, nicht mehr die Kinder pränatal mit Mongolisch-Kursen traktieren, damit die es mal besser haben, nicht mehr *dem* Flüchtling das eigene ungelebte Leben in die schmutzigen Schuhe schieben und damit allen Schutzsuchenden die Tür versperren, nicht mehr einen Shit-Storm starten, nur weil jemand mit dem falschen Fuß aufgestanden ist, nicht mehr ausrasten, nur weil mal ein Politiker sagt: »Ich weiß es auch nicht.« Glauben Sie mir: Eine Welt voller Gnade wäre eine bessere Welt.

Das alles funktioniert aber – wie gesagt – nur mit guten Beziehungen. Zu Menschen oder zu Gott. Wenn man nicht mehr nur *den* Anderen, sondern die Anderen sieht. Und wer so ein Gnädig-Sein tatsächlich mal ausprobiert, der entdeckt dann auch die Königsdisziplin der Gnade: nämlich das Gnädig-Sein mit sich selbst. Schließlich gilt … auch wenn Sie es momentan vielleicht noch nicht glauben können … es ist möglich, dass ein Mensch nicht alle Ziele erreicht und doch glücklich wird. Unfassbar. Wenn Sie's auch nicht fassen können, fragen Sie ruhig mal Professor Doktor Martin Luther. Und falls er gerade nicht da ist, gilt: »Gnade dir, Gott!«

Das tut er.

Clajo Herrmann

Christus

Als ich 14 war, dachte ich noch, »Herr Christus« wäre ein Bekannter meiner Eltern. Der Herr Christus. Dass Christus ein Titel ist, aus dem Griechischen stammt und »Gesalbter« heißt, war mir nicht klar. Letztlich bedeutet es dasselbe wie Messias, das wiederum aus dem Hebräischen abgeleitet ist – und deshalb eben auch Gesalbter heißt. Gut, das kann man googlen, wenn's einen juckt. Juckt aber kaum einen. Und im Konfi- oder Firm-Unterricht wird's wohl vor allem Schlafenden oder pubertätsbedingt Tauben erzählt.

Daher hören die meisten mit 14 nicht auf, Christus für einen Familiennamen zu halten, der vor 2000 Jahren im Telefonbuch von Jerusalem mehrere Seiten füllte. Und irgendwann wird er vermutlich als Taufname in Verbindung mit Jens oder Torben oder so was gewählt. Klingt ja auch cool: Jens-Christus Sobottke.

Bei meinem Freund Jens fehlt der Christus noch im Namen. Und auch sonst hat er mit Gesalbten keinerlei Kontakt. In seinem Haus stehen sich dafür die Buddhas gegenseitig auf den Füssen rum. Und er sammelt immer noch weiter. Das hat ihn die Partnerschaft mit Elke gekostet. Ich bin mir nicht sicher, ob er ihren Auszug überhaupt bemerkt hat; vielleicht beim Abzählen der in der Wohnung befindlichen Figuren.

Früher war Jens katholisch. Bis etwa 25. Keine Ahnung, wie viel Gebrauch er davon gemacht hat. Nach dem Studium begann er als technischer Zeichner in einem großen Unternehmen für Fertigteile. Häuser von der Stange. Die erste Steuererklärung muss ihn auf seine Kirchenzugehörigkeit gestoßen haben. Denn bei der zweiten blieb das Konfessionsfeld leer. Danach hat er, soviel ich weiß, über einen früheren Schulfreund seine erste Frau Susanne kennengelernt. Durch sie wurde er in einer Gruppierung aktiv, die sich »Einzige wahre Kirche« nannte – ohne eine Bibel zu benutzen, da ein Erleuchteter sie anführte.

Die »Einzige wahre Kirche« forderte von ihren Schäfchen sieben Abende in der Woche ein und nahm sich von jeder auf dem Markt befindlichen Religion etwas. Waren Jens oder Susanne mal krank, wurde angerufen. Rund um die Uhr. Die Brüder und Schwestern passten aufeinander auf. Sehr sogar. Sie sorgten sich also intensiv um Jens' und Susannes Ehe. Denn die Kurse waren für alle Lebenslagen. Und griffen direkt ins Leben ein.

Nach 6 Jahren löste sich Jens von Susanne, der Gemeinde und dem Arbeitgeber. Letzteres aber nicht freiwillig. Besorgte Brüder und Schwestern hatten dafür gesorgt, dass in der Firma ein ungutes Licht auf Jens fiel. Entgegen seiner Selbsteinschätzung gelang es den redegewandten Glaubensgeschwistern, seine laxe Lebensweise, seine unmoralischen Neigungen, ja, gar seine latente Gefahr für die Mitmenschen plastisch zu beschreiben. An einem Morgen bat ihn sein direkter Vorgesetzter, Bruder eines Gemeinde-Bruders, zum Gespräch und vollzog räuspernd die Trennung aus Gründen einer nicht mehr vorhandenen Vertrauens-Basis.

Jens muss damals geahnt haben, dass Religionen den Menschen nicht automatisch besser machen, sondern allenfalls den Guten Argumente zum Gutsein geben. Die andern haben nur Vorwände. Trotzdem blieb Jens offen für Glaubensfragen. Um so mehr, wenn attraktive Frauen diese Fragen stellten. Zum Beispiel Silvia. Silvia war in vierter Religion Kabbala-Studentin geworden, ohne vorher je ein Wort über das Judentum gelesen oder gehört zu haben. Auch musste sie von einer Bekannten erst über den Unterschied von Tantra, Kabbala und Kannibalen aufgeklärt werden. Immerhin erlaubte die Kabbala Sex und war uralt. Dann begriff sie, dass Thora, Mischna und Purim keine Märchenfiguren sind, und dass koscheres Essen nichts mit den »Weight-Watchern« zu tun hat.

Ihr Übertritt zum Judentum war eher inoffiziell, da er ohne Wissen der naheliegenden Synagoge vollzogen wurde, also frei von jeglichem Wissen und Gewissen. Silvia nannte sich auch nicht Jüdin, sondern Kabbala-Studentin. So lernte Jens sie kennen, der sich wenig für ihre inneren Vorgänge interessierte und es schätzte, dass er zu keinem irgendwie gearteten Fest, Kurs und keiner Vertiefung eingeladen wurde.

Als Silvia ging, weil der Sex mit ihm auch nach einem Jahr nicht zur wahren Erleuchtung führte, trat Buddha in sein Leben. Sagen wir: Er saß vor ihm. Im Regal eines Baumarktes. Jens sollte dort in Zukunft die Statik von Fertighäusern berechnen, als er beim ersten Gang durch die hallenartigen Verkaufsflächen ein auf Fettringen gelagertes

Lächeln wahrnahm. Damals begann das, was seit Jahren boomt, und Jens war einer der Pioniere der Verbindung von Design und Buddha.

»Buddha passt so gut zu den Möbeln!« Der Satz ist von Jens. Und da er weiß, dass ich evangelisch bin und lange Pfarrer war, wollte er mir was Gutes tun. Unbeleckt von jeglichem Hang zu Spiritualität und in Unkenntnis, dass Buddha nur von der Körperfülle her an den späten Martin Luther erinnert, schenkte er mir letzte Woche einen gut fünfzig Zentimeter hohen Adipösen mit dem Lächeln eines onanierenden Vollidioten. Er steht seither auf meiner Wäscheschleuder und lindert ihre Vibrationen bei 1400 Umdrehungen. Sieht aber dabei sehr beseelt aus. Und wenn ich ihn sehe, glaube ich, dass Christus und Luther jetzt lachen würden.

Ja, ich werde angesichts des hüpfenden Dickerchens das Reformationsjubiläum 2017 besonders heiter feiern, aber den Grund werde ich lieber niemandem verraten.

Sind damit alle Fragen beantwortet? Wohl kaum. Dabei gibt es kaum etwas Lästigeres, als Fragen, die im Raum stehen. Ach was! Rumlungern und immer wiederkehren, auch wenn man sie rausgeschmissen hat. Die rausgeschmissenen Fragen bilden übrigens eine eigene Kategorie: die »Immer-Wiederkehrenden«. Eigentlich müssten sie »Die-immer-wieder-auf-die-Straße-Gesetzten« oder »Die-durchs-Fenster-Geworfenen heißen« oder die »Fragen mit Hausverbot«.

Sie lassen sich übrigens nicht verbieten. Das ist eine absurde Illusion! (Versuchen Sie mal spontan, NICHT an einen rosa Elefanten zu denken!) Obwohl der Satz »Diese Frage verbietet sich!« allerorten zu hören ist. Aber nicht nur, dass die Fragen im Raum stehen und ihn verdunkeln. Sie fressen auch den Kühlschrank leer. Fragen machen nämlich hungrig! Manchmal auch lebenshungrig. Vielleicht war Martin Luther deshalb so ein großer Fragender. Seine späte Horizonterweiterung war eben eine zwiefache. (Was für ein schönes altes Wort!)

Ich selbst hatte einmal eine wiederkehrende Frage im Haus, die oft so tat, als habe sie gar kein Interesse an meiner Wohnung. Zum Schein ging sie mit einkaufen, beim Rasenmähen blieb sie an meiner Seite, gelangweilt um sich schauend; im Kino saß sie meist eine Reihe vor mir, und ich erkannte am Halbprofil, dass der Film sie in keiner Weise beschäftigte. Aber ich hatte immerhin die Hoffnung, sie ginge mit jemand anderem heim.

Der schlimmste Abend war bei einer Neuinszenierung von Brechts »Mutter Courage«; die Frage saß links neben mir, die Seite, auf der ich auch noch schlecht höre, so dass die Frage immer lauter wurde. Sie ließ mir keine Ruhe, und als mir dann ein deftiges »Lass mich in Frieden!« entfuhr, fühlten sich alle Umsitzenden angeschrien und reagierten unisono mit aggressivem Unverständnis. Auch das Ensemble unterbrach kurz irritiert, was zum Glück vom Rest des Saals als Stilmittel der brechtschen Verfremdung missdeutet wurde. In der Kritik zumindest fand es lobende Anerkennung.

Der Frage war das keine Sekunde lang peinlich. Die anderen hörten ja nur meine Stimme. Die Frage sprach aus mir. Der Frage-Antwort-Monolog eines Irren. Das konnte nur Brecht sein. Zu Hause aber hörte es nicht auf: Beim Rasenmähen stand die Frage generell im Weg, und der Rasen blieb deshalb stellenweise von hohem, den Gesamteindruck zerstörenden Gras bedeckt.

Im Raum stehende Fragen werden im eigenen Hause durchaus auch als ungutes Gefühl wahrgenommen. Erst recht diese. Sie war uralt, und die seltenen Antworten firmieren unter Religion oder Weltanschauung oder Drogen. Und sind manchmal schwer voneinander zu unterscheiden.

Nur dumme Menschen meinen, im Raum stehende Fragen sich und andern verbieten zu sollen. Sie seien selbstquälerischen Gedanken entwichen, so wie Wasser aus einem maroden, unterirdischen Rohr sickert. Gerade bei diesen Leuten sitzt die Frage dann wie ein Hundchen auf dem Schoss. Was ist mein Leben? Hat mein Leben einen Grund, wenn alle Gründe abgelegt sind?

Ich bin ein gläubiger Mensch, aber es wäre gelogen, wenn ich so täte, als wäre ich nach einem Gebet oder einem Bibelvers aller Sorgen ledig. Diese Vorstellung halte ich für »christlichen Aberglauben«. Christus ist mein Heil. Aber er zahlt nicht meine Miete und kümmert sich wenig um meinen Haarausfall.

Lachhaft? Nun: Meine private Statistik kennt genauso viele eitle Christen wie andersgläubige Spiegel-Spanner. Ungläubige gibt's in meinen Augen nicht. Wir glauben alle an was. Und je rationaler einer tut, desto mehr Geld hat er bei der letzten Börsenblase verloren.

Ich weiß, dass die wichtigen Fragen Bleigewichte der Seele sein können. Ich setze oft federleichte dagegen:

Steigt die Eintracht wieder ab? Wieso dauert es morgens länger, bis die Dusche warm wird? Passt Grün zu Blau? Und der Merlot zum Brie? Fahre oder fliege ich nach Wien? Warum hatte ich auf der Israelreise ständig Heißhunger auf Jägerschnitzel? Und wieso macht ein Schokoriegel nur in der Werbung aus Zicken gute Freunde?

Wie hungrig Fragen machen, sieht man – wie schon angedeutet – am späten Luther. Dieses dauernde Infrage-Stellen macht hungrig. Oder Thomas von Aquin, der ungesättigte Thomas. Und ich spüre es auch. Ich sage der Frage im Raum ständig »Komm, wir bestellen uns 'ne Pizza!« und bleibe dabei: Fragen machen hungrig, sowohl seelisch als auch körperlich.

Fragesteller machen uns Menschen ein bisschen zu so was wie einem Innenraum-Ausstatter. Man kniet, um sie festzunageln, man heftet sie ans Bord und tapeziert die Wände damit. Und wenn Luther was geleistet hat, dann die Erlaubnis, im Glauben zu fragen und sich keine Antwort leicht zu machen. Zumindest nicht leichter, als man selbst gerade ist ... Gewichtige Menschen haben ihr Gewicht von gewichtigen Fragen. Und wenn Luther überzeugt war: »Christus ist die letzte Antwort auf alle Fragen«, dann ist das sehr klug – macht unseren Alltag aber auch nicht leichter. Oder? Na, zumindest ist das eine Antwort, die zwar toll klingt, aber im gleichen Atemzug Tausend neue Fragen mit sich bringt. Die man dann womöglich einfach aushalten muss.

Grundsätzlich gilt: Die leichten Fragen schlafen auch mal. Die im Raum stehenden nicht. Und wenn doch, dann aufrecht wie Pferde. Und man kann auf ihnen rumreiten! Oder sie stehen gar wie Flamingos auf einem Bein. Und weil man auf einem nicht lange stehen kann, holen sie eine zweite Einbeinige dazu. Dann sitzt man zwischen ihnen. Immerhin: Die Einbeinigen stehen zwar auch im Raum, aber man kann den Bildschirm noch sehen. Beim Rasenmähen sitzen sie mit auf dem Minitraktor, den man fürs Ziergrün angeschafft hat.

Eine Frage war neulich so dreist und hatte sogar eine Sonnenbrille und Schirmmütze auf. Das war so irritierend, dass ich nach ihrem Namen frug. Aber auf ihren Blick hin fiel mir auf, dass es nicht ein Mensch, sondern eine Frage war.

Sie war übrigens eine meiner nützlichsten Fragen. Sie deutete geduldig auf ungemähte Stellen; sie war die Gartenfrage und kannte alles zu dem Thema. Die Wohnfrage hatte mir im Vorjahr den Hauskauf und den Rasen en bloc aufgeschwatzt. Nach zwei Wochen war ich mürbe und kaufte, plante, aber unkonzentriert und – wie der Mäh-Gigant zeigt – maßlos.

Eines Morgens war die Gartenfrage weg. Spurlos. Eine der sehr wenigen, denen ich rufend hinterherforschte. Heute denke ich, den Grund für ihr Fortgehen zu kennen. Eifersucht. Sie war mit Sicherheit beleidigt, weil sie der Meinung war, ich hätte die andere eingeladen. Sie hätte ja fragen können … Ich habe die andere nicht eingeladen, meinen Eid drauf. Doch sie war da, raumgreifend, alles verdunkelnd wie eine dieser Wohnwände. Es nahm einem regelrecht den Atem: die Kostenfrage. Das ist eine doppelte Frage, mit vier Augen. Denn sie ist auch eine offene

Frage. Ziemlich unangenehm, so viel Unvermutetes ohne Vorwarnung von ganz nahe zu sehen.

Offene Fragen haben viele Seiten; es kommt vor, dass man mitten in sie reinläuft und es nicht gleich merkt. Meine Güte, sind offene Fragen schwer zu deuten! Bei einem offenen Bein ist es einfacher. Da sieht man: offen. Man sagt ja auch »offen sichtlich«.

Die Kostenfrage sah an einem Tag unbeteiligt aus, feilte die Nägel und sagte: »Lass uns einen Espresso nehmen.« Am nächsten Tag wollte sie, dass ich mal Urlaub mache, abspanne. Sie würde das Haus hüten und auf mich warten. Die Kostenfrage habe ich x-mal rausgeschmissen, aber sie ist hart im Nehmen; eine Steher-Natur mit blauen Flecken von meinen Tritten. Aber beinhart.

Mittlerweile ist sie schlanker und bescheidener geworden, ich hab' ihr einiges an Grund und Boden genommen. Aber sie ist da. Sie schrumpft zwar sichtlich. Aber sie hat die Fernbedienung. Und so fromm ich auch sein mag: solange ich auf dieser Welt lebe, werde ich nicht umhinkommen, dafür Sorge zu tragen, dass die leichten und die schweren Fragen sich vertragen.

So, jetzt fängt Fußball an. Lieber Heiland, hilf der Eintracht! Nur drei Punkte! Was brauchst du ständig Lebensweisheiten und Glaubenserkenntnisse, wenn dein Verein drei Punkte holt?! Die halbe Menschheit vergisst die Frage im Raum bei der Antwort im Stadion. Nein, Sport ist keine Ersatz-Religion, er ist die traurige Situation, in der ein TOR alles entscheidet!

Lutz von Rosenberg Lipinsky

Freiheit

Freiheit, Freiheit, Freiheit. Freiheit ist für viele Menschen das Allerwichtigste, so ganz persönlich. Aber auch für viele Gesellschaften: Freiheit ist in zahlreichen Resolutionen enthalten, sie ist die Grundlage unseres Grundgesetzes und Bestandteil unserer sogenannten »Nationalhymne«. Also, im Original. Gut: Sarah Connor sang 2009 eine neue Version. Darin hieß es »Brüh im Lichte dieses Glanzes«. Sarah Connors Lebensmotto ist offenbar: »Eitelkeit mit zu viel Freizeit«. So geht das natürlich auch.

Freiheit, Freiheit, Freiheit. Was ist das – was soll das sein? Ein Gefühl? Ein Zustand? Eine Sehnsucht? Kann man frei sein? Oder wird man frei? Wird man gar befreit? Muss man befreit werden? Oder wird man frei geboren?

Und was ist das Gegenteil von Freiheit? Gefangenschaft? Ist der Unfreie der Sklave? Der Angehörige der unterdrückten, armen, abhängigen Minderheit? Aber waren Sklaven nicht häufig die freieren, unzerstörbareren Persönlichkeiten? Und ... von wegen Minderheit: Hält sich nicht heute die Mehrheit der Menschen für abhängig und unterdrückt und unfrei?

Viele Leute fühlen sich gefangen. Manche in einem falschen Körper, manche im falschen Film, andere im falschen Job. Sie fühlen sich unfrei, chancenlos, ausgeliefert, außerstande, ihre Situation zu verändern. Aber sind sie es auch? Und: Ist Ohnmacht überhaupt gleichbedeutend mit Unfreiheit? Ich weiß nicht.

Manche denken auch, Freiheit äußert, genauer formuliert: äußerte … sich darin, tun und lassen zu können, was man will. Wann und wie und so oft man will. Und wenn die eigene Freiheit nur dort begrenzt wird, wo die Freiheit des anderen beginnt, dann versuchen diese Menschen herauszufinden, wo das wohl ist. Sie testen ihre Grenzen aus und die ihrer Umgebung. Mit Freiheit hat das aber nicht viel zu tun. Immer nur auszuprobieren, wie weit man gehen kann, bis jemand protestiert: Das nennt man Borderline-Syndrom. Auch bekannt als »Große Koalition«.

Freiheit ist für viele heute auch gleichbedeutend mit Entscheidungsfreiheit. Was nehme ich? Die 13 süsssauer? Oder doch die 24 mit den sieben Kostbarkeiten? Nehme ich das Hemd in M oder lieber in L? Das eine könnte schicker aussehen, das andere aber länger passen. Dieses Freiheitsverständnis orientiert sich am marktwirtschaftlichen Verständnis von Angebot und Nachfrage. Sich etwas aussuchen zu können, ist das höchste Gut? Ich weiß nicht.

Es ist sicherlich toll, tun und lassen zu können, was man will. Manchmal sogar, das tun zu können, was andere wollen. Auch die Meinungsfreiheit – sagen zu dürfen, was man will. Und manchmal auch das, was andere hören wollen. Super Sache. Doof ist es, nur etwas zu sagen, was man angeblich nicht sagen darf. Und dann immer zu betonen: »Das wird man jawohl noch mal sagen dürfen.« Das sagen interessanterweise immer nur Menschen, die ihre eigene Freiheit durch die Unterdrückung anderer erkaufen wollen.

Sind die Gedanken denn frei? Kann sie keiner erraten? Kann man anderen nicht in den Kopf gucken? Was ist mit den Algorithmen, mit denen Internetdienste aufgrund von Bewegungs-, Konsum- und Sozialdaten Profile von Personen erstellen. Sind wir nicht doch berechenbarer, als wir denken?

Was ist Freiheit? Wenn es keine Geschwindigkeitsbegrenzungen gibt und man die Karre mal wieder so richtig ausfahren kann? Für die Althumanisten und die Neoliberalen ist Freiheit ja, wenn sich der Staat aus allem raushält. Wenn es keine Krankenhäuser gibt, keine Rente, keine Polizei. Und, was für die FDP immer am wichtigsten war: keine Steuerprüfungen.

Ein berühmter Werbeslogan sagt: »Die Freiheit nehme ich mir« – ist materielle Unabhängigkeit nicht die Voraussetzung für Freiheit? Interessanterweise war dies der Slogan einer Kreditkartenfirma. Mit der Visa Card kann man sich die Freiheit nehmen, sich etwas zu kaufen, was man möchte. Selbst, wenn man es sich nicht leisten kann, sondern durch einen Kredit finanzieren muss. Schulden aufzunehmen und sich damit in Abhängigkeit zu begeben. Das ist Freiheit? Ich weiß nicht.

Man kann sich Freiheit in der Tat nehmen. Und auch im Wort. Wenn man sie sich allerdings nehmen muss, bedeutet das ja, dass man sie zuvor nicht besessen hat. Sondern vermutlich ein anderer. Oder die Freiheit war Freiwild. Niemandsland. Allgemeingut. Aber selbst dann würde man sich immer noch bereichern und sich zu unrecht etwas aneignen, an sich reißen, was einem nicht zusteht. Ich weiß nicht.

Ist Freiheit überhaupt Ausdruck von Bewusstsein und damit eine menschliche Eigenschaft? Ich weiß nicht. Als ob sich der Löwe nicht aussuchen könnte, was es heute zum Abendessen gibt. Selbst der hospitalistische Tiger im Zoo ist frei – er kann wählen, ob er links- oder rechtsherum im Kreis laufen will.

Allein die Formulierung: Freiheit ist ein hohes Gut. »Hoch« im Sinne von: »Nicht leicht zu erreichen«. Also, wenn man sich die Freiheit nehmen will wie einen Schokoriegel – aber der ist oben im Schrank, im obersten Fach. Und man selbst ist nur 1,62 m. In diesem Sinne ist Freiheit ein hohes Gut – man kommt nicht so leicht ran.

Etymologisch, also wortgeschichtlich, stammt Freiheit wohl von »Fri-Hals« – nicht zu verwechseln mit Schreihals. Der Freihals ist derjenige, dem sein Hals selbst gehört. Im Gegensatz zum Leibeigenen. Wobei der Hals quasi nur ein Symbol ist für den gesamten Körper. Der Kopf spielt dabei offenbar keine große Rolle, der konnte gegebenenfalls auch abgetrennt werden – man blieb trotzdem frei. Oder wurde es dadurch sogar erst. Zumindest … teilweise.

Sicher ist: Es gibt eine innere und eine äußere Freiheit. Die innere bedeutet eine gewisse, sagen wir: Unabhängigkeit. Die äußere eine Vielzahl an Möglichkeiten der Lebensführung. Diese freie Gesellschaft ist als Phänomen noch sehr jung. Sie ist ein Verdienst der Aufklärung und der bürgerlichen Revolutionen. Aber auch der Reformation, klar. Freiheit ist eine der Errungenschaften des Protestantismus.

Die Katholiken hatten jahrhundertelang ja mit Freiheit nichts am Hut. Vor allem hießen sie da ja auch noch nicht Katholiken, sondern Christen. Das war Tarnung. Aber nach der Reformation trug man dann den passenden Titel: »Katholikos«, zu deutsch: »allumfassend« – das macht ja schon den Anspruch klar: »Wir sind das Gericht, wir entscheiden über Freiheit oder Gefangenschaft«. Die Seligkeit wurde über die Zugehörigkeit zur eigenen Gruppe geregelt.

Das war also über 1500 Jahre das, naja, wollen wir mal nicht so sein, sagen wir: christliche Verständnis von Freiheit. Du musstest nicht beichten, nicht zum Abendmahl gehen oder dergleichen, nicht zur Kirche gehören. Die Freiheit hatte man. Dann kam man halt in die Hölle. Das konnte man sich aussuchen. Gewissermaßen die Wahl zwischen Bayern München und RB Leipzig. Schön war das nicht.

Es gab ja anfangs nur eine Kirche. Nicht im Sinne von Gebäude, davon gab es durchaus mehrere – und es waren noch keine Restaurants drin oder so. Aber als Institution gab es eben nur eine Kirche. Vor-reformatorisch sozusagen. Und diese behauptete, sie könne entscheiden, wer wann wie frei und erlöst sei. Und wohl auch, dass der Mensch durch gutes und gerechtes Verhalten in den Himmel käme. Und wie das auszusehen habe. Und diese Freiheit aber war gleichbedeutend mit Unordnung.

Ordnung dagegen war nicht nur das Regelwerk der Gesellschaft, sondern auch eine metaphysische Platzanweisung: Wenn Du arm warst oder reich, Fürst oder Schmied – dann war das nicht Ausdruck Deines Willens, deiner Begabung oder deiner Leistung, sondern von Gottes Willen. Und damit unabänderlich. Dagegen zu verstoßen, wurde bestraft. Freiheit bestand darin, zur Kirche zu gehören und damit das Gefühl zu bekommen, dass das Unabänderliche auch sinnvoll ist. Quasi: Straffreiheit.

Und dann kam Luther. Das war ja kein Revoluzzer, der war frommer Kirchenmann. Aber es hat ihn was gestört. Es hat ihn gestört, dass sich die Berufschristen, der sogenannte Klerus, mit dem Adel zusammengetan hatten. Es hat ihn gestört, dass man sich die Vergebung quasi kaufen konnte. Es hat ihn gestört, dass niemand wusste, was in der Bibel stand, weil die meisten kein Latein konnten – von Hebräisch und Griechisch ganz zu schweigen. Auch der Gottesdienst, die Messe – in lateinischer, einer seit langem ausgestorbenen Sprache. Glauben bedeutete an vielen Orten, Pfarrern dabei zuzusehen, wie sie Brot und Wein verzaubern und dabei seltsame altmodische Verse murmeln. Das war quasi jeden Sonntagmorgen »Herr der Ringe« live.

Das wollte Luther ändern. Eine Mammutaufgabe. Er ist nun aber nicht durch die Gegend gezogen, hat Transparente gemalt oder Farbbeutel gegen Kirchentüren geworfen und Stinkbomben in den Vatikan geschmuggelt. Er hat erst mal geschrieben. Viel geschrieben. Lange nachgedacht. Und dann wieder geschrieben. Nach Rom, an seine Vorgesetzten, und so weiter. Er hat also schon damals sozusagen den Rechtsweg beschritten. Ihm wurde auch zurückgeschrieben. Das hat er gelesen, nachgedacht, und dann geantwortet. Das ging lange so. Hin und her. Von wegen Freiheit. Und Glauben. Und Vergebung und so.

Es wurde damals viel geschrieben, auch, damit andere es lesen und dann ihrerseits wiederum über das Gelesene nachdenken. Bevor sie antworten. Das heißt, es wurde damals nicht sofort reagiert: »Selber!« Teilweise wurde erst Mal gar nicht reagiert. Sondern nachgedacht. Kann man sich heute gar nicht mehr vorstellen, so was. Man nannte das: Denkschrift. Ja, so was gab es damals. Da hat jemand gedacht, bevor er geschrieben hat. Damals wurde ja auch noch geschrieben, nicht getippt. Oder gewischt. Oder gelollt. Oder geroffelt.

Diese Schriftstücke mussten dann auch noch hin- und hergebracht werden, teilweise abgeschrieben und weitergebracht und und und. Es gab ja noch keine Kopierer. So was wurde nicht irgendwo ins Netz gestellt und sofort – zack – waren alle dafür oder dagegen oder das, was sie sonst auch immer sind. Der Shit-Storm war ja noch nicht erfunden. Bis auf den von Martin Luther höchstselbst – aber die Verdauung des Reformators ist ein anderes Thema.

Irgendwann aber wurde Rom sauer, die Kollegen, die Vorgesetzten: Was bildet sich dieser piefige, kleine Mönch da eigentlich ein? Es wurde erst mal mit Luther geschimpft, jahrelang, dann noch mal ganz ernst gesprochen, dann eine Strafe angekündigt, viel später erst erfolgte sie. Das war quasi eine Justiz wie bei der FIFA. Mit dem Unterschied, dass die die Strafen fünf Monate später wieder reduziert und nach elf dann komplett zurücknimmt.

Das ging bei Luther nicht, dazu waren seine Thesen eine zu große Frechheit. Darauf stand die Höchststrafe: Luther sollte exkommuniziert werden – heißt: aus der Kirche ausgeschlossen. Da man heute sowieso bei den meisten evangelischen Gotteshäusern vor verschlossenen Türen steht, ist es völlig normal, dass man aus der Kirche ausgeschlossen ist. Auch als Laie. Uns kann das nicht mehr erschrecken. Aus der Kirche ausgeschlossen – für Luther war das allerdings eine echte Drohung, denn er machte das ja beruflich.

Und so gab es erst eine »Bannandrohungsbulle« und dann eine richtige Bannbulle. Doppelt gemoppelt hält besser – scheinbar sogar, wenn man Papst ist. Bannbulle ist die katholische Form von Bambule. Und so schrieb Luther aufgeregt zurück und nannte sein Pamphlet: »Von der Freiheit eines Christenmenschen.« Toller Titel. »Christenmensch« – muss man klar unterscheiden von »Heidenmensch«, »Muslimmensch« und zum Beispiel auch »Schalkemensch«? Wir harren der Rückkehr des Messias, die Schalker der Meisterschaft. Allerdings warten die schon länger.

Viele betrachten diese Schrift Luthers als den entscheidenden Schritt vom Mittelalter in die Neuzeit. Nun, ich halte die Entdeckung Amerikas für auch nicht ganz unwichtig. Diese machte die Glaubensfreiheit ja erst möglich – denn alle, die weder evangelisch oder katholisch werden wollten, konnten jetzt auch etwas anderes glauben. Sie mussten dazu nur auswandern.

Im Original hieß die Schrift übrigens: »De libertate christiana.« Das klingt für uns nach einem spanischen Urlaubsort. »Und? Wo geht's bei Euch hin im Sommer?« – »Wir fahren wieder nach Libertate Christiana, da ist das Wasser immer so warm. Und so günstig. Und nicht so überlaufen!« Gewidmet hat Luther sein Werk seinem Freund Hieronymus Mehlpfordt. Der war Bürgermeister von Zwickau. Sachsen, tja, bekanntlich bis heute eine Region von Freiheitskämpfern.

In dieser Schrift hat Luther die Freiheit beschrieben, als klares Paradox. Ein klares sowohl – als auch. Wenn Frauen sich innerhalb eines Satzes selbst widersprechen, nennt man das unlogisch. Bei Männern heißt es »paradox«. Das klingt besser. Was Luther wohl sagen wollte: Jeder Mensch ist frei. Und, was er noch sagen wollte: Kein Mensch ist frei. Klingt komisch, ist aber so. Also, dass er das sagen wollte. Beides. Klar: Der Mensch muss niemandem gehorchen. Außer Gott. Der allerdings gibt ihm Freiheit. Und dann kann der Mensch deshalb auch freiwillig gehorchen. Puh. Schwer. Paradox. Und: Höchst missverständlich.

Immer wieder wurde die Predigt von der Freiheit historisch missverstanden, bei Luther, ja, bei Jesus selbst, auch bei anderen. Sie sprachen von freien Menschen und die zogen los und gründeten Freiheitsbewegungen. Zündeten Häuser an und grillten die Reichen. Oder die Besatzer.

Aus der Befreiung resultieren nicht unbedingt Ungehorsam, Aufruhr und Protest. Aber die Bezeichnung »Protestant« legt uns ja darauf fest: Da werden wir reduziert auf den Ärger, den wir verursachen. Protest als Dauerzustand. Als Lebensinhalt. Als Geisteshaltung. Klar: Wir waren mal dagegen. Und haben versucht, daraus eine Bewegung zu machen. Und aus dieser wurde dann eine Institution. Die wir jetzt wieder versuchen, in Bewegung zu bringen.

Denn wir leiden schon lange darunter, dass es nichts mehr zu meckern gibt. Das ist aber für einen Protestanten nicht auszuhalten. Daher fährt er im Sommerurlaub in alte, heruntergekommene, zugige Freizeitheime, schläft auf harten Matratzen und quält sich mit Hagebuttentee. Nur so kann er die Erbsünde wirklich körperlich erfahren.

Dauerhafter Protest, Aufstand, Revolution: So war und ist es dummerweise nie gemeint. Christliche Freiheit meint zuallererst eine Befreiungserfahrung, ja. Und zwar durch den Glauben, durch die Begegnung mit Gott. Nicht einfach so. Und sie bedeutet nicht: »Was kostet die Welt, ich fahr auf die Malediven, jetzt geht's los, da simmer dabei, dat is prihima.« Nein, diese Freiheit des Menschen ist eine gebundene. Der Befreite wird sich befragen, im Gebet, in der Reflektion, im Gespräch, wie sein Handeln richtig ist.

Weil er alles darf, muss er das. Der Unfreie hat diese Freiheit nicht. Der tut, was man ihm sagt. Und auch mancher Freie zieht den Gehorsam der Entscheidung vor.

So oder so: Es kann durchaus sein, dass loszuziehen und die Häuser der Reichen anzuzünden, dann auch der richtige Weg ist.

Die wahre Geschichte der Freiheit sieht übrigens so aus: Es ist Januar, das Jahr hat nicht sonderlich gut begonnen, es ist draußen nasskalt, dieser norddeutsche Regen, der nicht von oben fällt, sondern so quer in der Luft liegt. Du hast einen harten Tag hinter dir, früh raus, Stau auf der Straße, Ärger mit der Kollegin, Telefon steht nicht still, die Formatierung des pdf klappt nicht, du musst viel länger machen als geplant und wirst trotzdem nicht fertig … Fährst dann nach Hause und auf dem Rückweg fällt dir ein – morgen ist Altpapierabfuhr, oh Mann, und das ist extrem jetzt, der ganze Verpackungsmüll von Weihnachten, die Amazon-Kartons, jetzt muss ich das zuhause noch sortieren, falten, flach machen, womöglich zerschneiden, dann in die Tonne und an die Straße bringen. Bei dem Wetter. Übel!

Jetzt könntest du frei machen und dir sagen: »Egal, in vier Wochen kommen die ja wieder!« Oder du sagst dir: »Ich bring den Mist die Tage zum Wertstoffhof.« Wissend, dass du das eh nicht tun wirst. Oder du gehst einfach noch irgendwo was trinken, bis du das Papier vergessen hast. Wäre das Freiheit? Hm.

Und dann steigst du zuhause aus deinem Auto und siehst – die blaue Tonne steht schon da. Und dein Sohn sagt: »Ist erledigt.«

Das ist wahre Freiheit – wenn einer die Sache für dich erledigt hat. Du musst deine Pflicht, deine Schuld, deine Schmerzen, deine Schwierigkeiten nicht vor dir herschieben, nicht auf jemand Anderen abwälzen, nicht unerledigt lassen, überspielen oder dich dazu mit letzter Kraft quälen, nein. »Ist erledigt!«

Es geht um Be-Freiung. Die kommt von außen. Und schafft dir neue Möglichkeiten – und leider auch Verantwortung. »Ein Christ ist ein freier Herr in allen Dingen und niemandem untertan. Ein Christ ist freiwillig Knecht und allen Menschen untertan.« So hat Luther das ausgedrückt. Und der kannte meinen Sohn noch gar nicht.

Entscheidend ist: Wenn du nach einem solchen Erlebnis dann in der gewonnenen Zeit deine Steuererklärung machst – dann hast du verstanden, was Freiheit bedeutet.

Christina Brudereck

Bibel

Darf ich vorstellen, ich bin die Bibel
Darf ich mich vorstellen?

Ich bin ein Bestseller
Sola Scriptura
Die edle Gabe
Ich bin Weltliteratur
Eine riesige Sammlung von Erfahrung
Nicht Wiki, Wissen, sondern Weisheit
Eine ganze Bibliothek – für die Handtasche
Das meistverkaufte Buch der Welt

Ich bin eine große Erzählerin
Man nennt mich »Trösterin«
Und »Lehrerin der Kirche«
Oder auch »Kritikerin des Establishments«
Ich habe immer wieder irgendwo Mitspracherecht
Es gibt mich in mehr als 2000 Sprachen
Neuerdings, das ist schön,
auch in gerechter (Ach, ich liebe Hirtinnen!)
Ich kenne Beginn, Genesis und frühen Morgen
Ich kenne Gebot, Puste und Pause,
    Shabbat und siebten Tag
Leviten werden mit mir gelesen
    und Freiheitsbewegungen inspiriert

Ich weiß von Klugheit und Hiobsbotschaft
Von Unterbrechungen, Geburten und Gräbern
Geschichte und Prophetie
Ich kenne viele Gebete, Klagen, Bitten, Staunlieder
Und Offenbarungen
Ich bin voller Theo-Poesie vom Feinsten

Und, kennen Sie das?
   Ich versteh mich manchmal selber nicht
Muss zwei Mal hingucken
Ich stecke voller Widersprüche
Oft mit Absicht
Denn wer will schon gerne schlicht sein
Ich kann aber auch sehr klar
Besonders bei meinen Lieblingsthemen
Armut und Würde
Fremde, Waisen, Kinder
Gerechtigkeit, Gnade
Ich liebe das Gespräch
Wir alle sind ja kein unbeschriebenes Blatt
Aber nun, ich fühle mich manchmal alleine, im Regal
Rücken an Deckel mit meinen Freundinnen der Literatur
Ich werde gerne angesehen, gelesen
Mag es, ein Gespräch zu inspirieren
Ich diktiere ja nicht
Ich liebe den Dialog, Inspiration, Gegenseitigkeit
Sich zum Sprechen zu bringen
Eine echte Autorität wie ich kann sich das leisten,
   meine ich
Also, fragen Sie mich ruhig, ich halte das aus

Ach – ganz schön ist auch das:
Dieser Moment, wenn ich in der Kirche
nach dem Ja-Wort überreicht werde
als Geschenk an ein ganz frisch getrautes Paar
Ich bin zwar alt, uralt
Aber mit Goldschnitt mache ich was her
Oder mit buntem Cover oder in Leder
Und doch, auch das ist wahr:
    Ich habe häufig ganz dünne Seiten

Was hat man nicht auch schon alles mit mir gemacht?
Die Wissenschaft …
Da wurde geschieden, getrennt, umbenannt
Worte wurden getilgt, gelöscht, interpretiert
Mir wurden Kultur, Moral und Hautfarbe aufgezwungen
Gewohnheiten haben mich umgeformt
Und meine tiefen Schichten,
meine schönen Doppeldeutigkeiten
    mussten verstummen
Manchmal möchte ich schreien:
    Lasst mich selber zu Wort kommen
Gebt mir meine Stimme
Etwas mehr Respekt, bitte
Etwas mehr Frieden, bitte
Legt eure Waffen nieder
Ich wurde benutzt, missverstanden,
    ja, auch missbraucht
Ich wurde verbrannt, verboten
Denn oh ja, ich kann gefährlich sein
Denken Sie nicht, ich wäre harmlos

Ich habe schon Leben gerettet
Ich wurde schon nass geweint
Und von Händen und suchenden Augen durchstreift
Meine Trostkraft ist unglaublich
Ich wurde, by heart, auswendig gelernt
Gesungen, vertont
Nachami Nachami, Tröstet tröstet mein Volk
Ich fülle Konzerthallen mit meiner Hoffnung
Ich erzähle nachdrücklich von Auferweckungs-Energie
Ich mahne eindringlich zum Frieden
Ich werbe ausdauernd um die Liebe
Mit ihr fühle ich mich am Besten verstanden
Darf ich vorstellen?
Ich bin die Bibel

Die Hirtinnen

Hirtinnen
Ausgerechnet zu Weihnachten
Die alte Geschichte in neuer Übersetzung
Das Altvertraute,
sonst immer wie eine Gutenachtgeschichte,
die mich an Kindheit erinnert
und daran, dass die Welt irgendwann einmal
    in Ordnung war
irritierend fremd
Ausgerechnet an diesem Abend, der davon lebt,
dass alles so ist wie immer
Die Rollen verteilt: Vater, Mutter, Kinder

Baum, Geschenke, Gänsebraten, Engel, Stall und Hirten
Alle Jahre wieder
Und plötzlich sollen da nicht nur Hirten
    auf dem Felde gewesen sein
Sondern auch Hirtinnen
Wo kamen die denn auf einmal her
Wer hatte die bloß entdeckt
Wie passten sie ins Bild
Sie störten, sie störten die Weihnachtsruhe,
    das Altvertraute
Hier in dieser Kirche … habe ich gelernt:
    »Der Herr ist mein Hirte«
Und früher war er das auch, auswendig gelernt
Aber Gott, eine Hirtin?
Gott – sollte einen nicht irritieren, finde ich
Nicht an diesem Abend
Die Rollen doch schon verteilt, so wie immer
Ein Blick nach links zu meinen Eltern
Sie haben mich immer beide behütet, auf ihre Art
Hier in dieser Kirche wurden mir früher
    Geschichten erzählt
Als ich fünf war, elf, vierzehn
Abraham, Petrus, Jakob, Jesus
Und ja, ich erinnere mich an Rahel
Die hütete Schafe
Was sie wohl zu einer Hirtin macht
Aber früher nannte man sie nicht so
Und hatten wir nicht eigentlich immer schon gesungen
»Kommet ihr Hirten, ihr Männer und Fraun …?«
Aber so ausgesprochen »Hirtinnen« störten sie die Ruhe

Das Zuhören, das auf Bestätigung wartet
Das Nicken, das immer zur selben Stelle nickt
Alles aufgescheucht durch die Anwesenheit dieser
    Frauen
Die auf dem Feld waren, dabei waren
Ausgerechnet an diesem Abend
Der davon lebt, dass alles so ist wie immer

Das Buch

Pro Jahr werden durch Bibelgesellschaften und Missions-
    werke
über 60 Millionen Bibelausgaben verteilt
In Deutschland werden jährlich über eine Millionen
    Bibeln verkauft,
400.000 »Gute Nachricht-Bibeln« in heutigem Deutsch,
400.000 Lutherübersetzungen,
300.000 katholische Einheitsübersetzungen
Der Gideonbund verteilt pro Jahr
300.000 Bibelausgaben in Hotels und Schulen.
Die Bibel ist das bekannteste Buch der Welt.
Ein absoluter Bestseller.
Aber liest die überhaupt noch jemand?
Ist sie nicht ein Bestseller
    ohne Leserinnen und Leser?
Nun – immerhin besitzen über 60 Prozent
aller Haushalte in Deutschland eine Bibel
Steht im Regal oder liegt in einer Schublade
Wird sie nicht benutzt?

Nun – das gilt ja auch für andere Bücher
Wie Gedichtbände von Schiller
      oder Brockhaus-Lexikonbände
Für die Bibel ist dann aber immerhin wahr
dass laut einer Umfrage
      ein Viertel aller Kirchenmitglieder
immerhin mehrmals im Jahr doch in der Bibel liest
Und weltweit gesehen erst
Da werden Bibeln verschickt,
verschenkt, abgeschrieben, geschmuggelt
Aber hier sieht es trostlos aus
In Luthers Heimatland –
      da lesen die Leute ja sowieso immer weniger
Außer Harry Potter
Ja, es gab Zeiten, da war die Bibel das einzige Buch,
das die Menschen überhaupt besaßen
Heute wachsen viele Kinder und Erwachsene
ohne Abrahams Sternenhimmel auf
Der Bauch des Fisches gehört zu Janosch und Pinoccio,
nicht zu Jona.
Simson ist kein Held Israels,
      sondern gehört zur Sesamstraße.
»Wo du hingehst, will auch ich hingehen«
ist der beliebteste aller Trausprüche,
obwohl im Original hier zwei Frauen
      miteinander sprechen
Auch Sodom und Gomorrha sind kein Ehepaar,
sondern zwei Großstädte
»Wo kann man denn
      die schöne Geschichte nachlesen?«,

wurde ich einmal
nach einem Weihnachtsgottesdienst gefragt
Und als ich sagte: »Im Neuen Testament!«
wurde weitergefragt: »In einem neuen Testament!
Gibt es da auch ein altes von?«
Ach, sie ist eine ehrliche Haut, die gute alte Bibel.
Für ein heiliges Buch ganz erstaunlich ehrlich.
Auch dann noch, wenn es unangenehm wird.
Sie erzählt vom Leben, wie es ist.
Sie kennt Gewalt, Flucht, Hungersnot, Krankheit, Tod,
Verlust, Abschied, Neid, Streit, Ehebruch, Missbrauch,
Essstörungen, Betrug, Angst,
Hochmut, Kinderlosigkeit …
Redet diese Erfahrungen nicht schön,
verschweigt sie nicht
Sie weiß, wie das Leben ist
Aber sie weiß noch mehr
Sie weiß, wie es sein könnte!
Sie ist eine ganze Welt voller Geschichten davon,
wie das Leben glückt
Und wie es einmal sein wird …
Die Zukunftstexte der Bibel malen trotzige Gegenbilder,
gute Aussichten:
Wenn wir dann in Ewigkeit
alle getrunken und gegessen haben, erzählt und gestaunt
Loblieder gesungen, gebadet,
Gott in den Armen gelegen haben, was dann?
Was machen wir dann eigentlich die ganze Zeit lang?
Ich bin mir sicher:
Ich werde mit Paulus diskutieren

Ein paar offene Fragen habe ich noch
Einige werden vielleicht mit Petrus Wasserski fahren
Mit Maria ein Krippenspiel inszenieren
Mit Noah in den Streichelzoo gehen
Mit Mose »Siedler« spielen
    oder Lagerfeuer machen am Dornbusch
Mit Martha Urlaub machen
Mit Jona Verstecken spielen
Mit David Gedichte schreiben oder Bogenschießen gehen
Mit den Propheten »Reise nach Jerusalem« spielen
Mit Eva Apfelkuchen backen
Mit Adam Schlange stehen
Mit Daniel ins Kino gehen
    und »König der Löwen« gucken
Mit der Frau am Brunnen eine Wasserschlacht machen
Mit dem Hochzeitspaar von Kana Altbier trinken

Ich lese diese alten Worte über die Zukunft
als Kind meiner großen alten Erzählgemeinschaft
Und z.B. auch als Enkelin einer Großmutter,
die zum Ende ihres Lebens
    immer neugieriger wurde auf die Ewigkeit
Die bei ihren Sonntags-Kaffee-Kränzchen meinte:
»Heute wollen wir es ein bisschen himmlisch haben.«
Die Hoffnung auf diese Zukunft
verbindet mich mit der Vergangenheit
Wir reihen uns ein in die,
    die vor uns gelesen und geglaubt haben

Aber wenn ich vom neuen Jerusalem lese,
muss ich euch ehrlich sagen:
Was bin ich so froh, dass ich am Ende meiner Tage
nicht aufs Land ziehen muss, zurück nach Eden
Um was zu tun?
Zwischen Sonnenblumen in der Hängematte
    Gauloise zu rauchen?
Ich darf in der Stadt bleiben!
Großartige Aussicht!
Ich denke an eine Stadt-Wohnung
    im neuen Großstadt-Jerusalem.
Und rundherum gibt es Straßencafés,
Programmkinos, breite Bürgersteige
Radwege, Flohmarkt, Street-Art,
    Promenaden, Straßenmusik
Prinzessinnengärten mit Bio-Gemüse
    für den Eigenbedarf
Und »Urban Knitting«, Parkuhr trägt Mütze
Straßenlaternen und Brückengeländer
    werden umstrickt
und sehen aus, als hätte Pippi Langstrumpf
ihnen ihre Socken übergezogen

Vor 500 Jahren entdeckte der Protestantismus
    die Bibel wieder
Martin Luther übersetzte sie ins Deutsche
Die Erfindung des Buchdruckes
machte die Verbreitung von Geschichten leichter
Plötzlich waren die großen Geschichten zugänglich
Für jedes Kind, in der eigenen Muttersprache

Der Buchdruck und die Reformation
brachten die Demokratie ins Lesen

Läuft alles normal, lernen wir heutzutage hier bei uns
Lesen und Schreiben in der Grundschule
Aber etwa 16 % der erwachsenen Weltbevölkerung
    sind Analphabeten
Kulturell bedingt, gesundheitlich oder anders biografisch
Fast zwei Drittel von ihnen sind Frauen
Es ist also ein Privileg, lesen zu können
Das UN-Entwicklungsziel,
    die Analphabetenrate zu reduzieren
ist zurzeit nicht erfolgreich, der Trend sogar rückläufig

Denn das Lesen hat echte Feinde
Die größte Feindin ist die Armut, sie lässt Eltern sagen:
»Wir können es uns nicht leisten,
    unser Kind zur Schule zu schicken,
das Kind wird auf dem Feld gebraucht.«
Gar nicht selbstverständlich also, lesen zu können
Nicht die sind dumm, die es nicht können
In den allermeisten Fällen
    können sie wirklich nichts dafür
Wer, wie, was, wieso, weshalb, warum
Wer lesen kann und das nicht nutzt, ist dumm

Bibel lesen – das bedeutete bis zur Reformation:
Bibel vorgelesen bekommen
Auf Lateinisch meist
Stellen Sie sich mal vor, wie blöd es zum Beispiel wäre

wir bekämen einen Liebesbrief auf Lateinisch:
Inspice, quodque leges, ex ipsis collige verbis,
    fingat, an ex animo sollicitusque roget.

Schöner wäre,
    was der englische Admiral Nelson im Januar 1800
an seine Geliebte Lady Emma Hamilton schrieb:
»Ich kann weder essen, noch schlafen,
    weil ich nur an dich denke, Liebste,
    ich mag nicht einmal mehr Pudding.«
Die Bibel, göttliche Selbstmitteilung, Liebeserklärung,
in weiten Strecken wunderbar poetisch
Originelle Gedanken, die mehr wissen als wir
Zeilen, die über uns hinaus reichen
Sie erzählt von Auferweckung
wo unsere Erfahrung nur bis zum Tod reicht
Sie mahnt eindringlich zum Frieden
wo wir schnell denken,
    es gäbe zum Krieg keine Alternative
Sie wirbt ausdauernd um die Liebe
wenn wir denken, es reichte, dass wir uns Mühe geben
Sie will diskutieren, sich unterhalten, uns inspirieren
dass wir sie weiterschreiben mit der Liebe,
mit Frieden, Wirkung, Feier
Denn (wie heißt es noch?)
»Worte sind ja gut, aber Hühner legen Eier«

Martin Buchholz

Kirche

Eines wollen wir doch gleich mal festhalten: Martin Luther hatte wahrhaftig seine problematischen Seiten, aber ein Problem mit klaren Standpunkten hatte er nicht. Der vielleicht berühmteste Satz des Reformators beginnt so: »Hier stehe ich. Ich kann nicht anders!« Der vielleicht berühmteste religiöse Bestseller unserer Tage heißt: »Ich bin dann mal weg!«

Zwischendurch muss also irgendwas passiert sein in Sachen religiöser Standfestigkeit. Und ich frage mich ja inzwischen des Öfteren: Wie viel standfeste Glaubensgewissheit ihres Reformators ist eigentlich heute noch da drin, wo Evangelische Kirche draufsteht?

Vor 500 Jahren äußerte sich Martin Luther öffentlich wie folgt: »Theologus crucis dicit id, quod res est!« (»Der Theologe des Kreuzes sagt, was Sache ist.«) Vor dreizehn Jahren äußerte sich die Evangelische Kirche in einer 1,5 Millionen Euro teuren Image-Kampagne auf Plakaten wie folgt: »Woran denken sie bei Ostern?« – »Ist der Mensch nur so viel wert, wie er verdient?« – »Sind Fußballer unsere wahren Götter?« – »Was ist Glück?« Und dann: »Lassen Sie uns gemeinsam Antworten finden!«

Nun gibt es ja eigentlich nur zwei Möglichkeiten: Entweder wollte uns die Evangelische Kirche damit so richtig hinters Licht führen, weil sie die Antworten längst hat, aber so tat, als bräuchte sie uns alle, um erst mal welche suchen zu gehen. Oder die Evangelische Kirche hat tatsächlich unterwegs vergessen, woran evangelische Christen eigentlich glauben. Ich weiß nicht, welche der Alternativen den guten alten Martin Luther mehr erschüttert hätte.

Denn ich meine, bei ihm klang das doch alles noch so schön übersichtlich: »Sola gratia – sola fide – sola scriptura – solus Christus: Allein aus Gnade – allein aus Glauben – allein die Bibel – allein Christus.« Da kann man schön singen: »Nun aufwärts froh den Blick gewandt / und vorwärts fest den Schritt! / Wir geh'n an unsres Meisters Hand! Und unser Herr geht mit!« Ein alter Choral aus dem Evangelischen Gesangbuch.

Aber kann es sein, dass die deutschen Protestanten auf ihrer 500-jährigen Pilgerreise das Schuhwerk gewechselt haben? Statt Luthers trittfesten Wanderstiefeln tragen die aufgeklärten evangelischen Christen heute lieber Sandalen. Denn die sind bekanntlich nach allen Seiten offen. Und ökumenisch gesehen ist die Sache in Glaubensfragen heute so geregelt: Protestanten stellen die Fragen. Der Papst antwortet.

Nein, Entschuldigung, das ist natürlich nun alles viel zu pauschal und äußerst grobschlächtig vereinfacht. Aber damit wir hier nicht nur 500 Jahre alte Geschichte aufarbeiten, schauen wir uns doch kurz die aktuellen Zahlen der real existierenden Volkskirche in der Gegenwart an: Rund 24 Millionen Mitglieder hat die Evangelische Kirche in Deutschland. Eine knappe Million dieser Mitglieder geht sonntags in den Gottesdienst. Was glauben eigentlich die anderen 23 Millionen?

»Ja genau!« rufen nun eifrig die evangelischen Freikirchen. »Die glauben doch alle gar nicht mehr so richtig an Gott. Christ wird man doch nicht durch Kirchenmitgliedschaft via Säuglingstaufe. Für den christlichen Glauben muss man und frau sich doch selber entscheiden, und zwar, äh, natürlich so, wie wir das machen, die Freikirchen!« Nur dass zumindest in Deutschland gerade mal eine Viertelmillion Christen diese Meinung zu teilen scheinen. Denn mehr Mitglieder hat die gesamte »Vereinigung Evangelischer Freikirchen« nicht.

Dafür leben aber mittlerweile mehr als 4 Millionen Muslime in unserem Land. Die ja nun wieder ganz was anderes glauben. Zumindest, wenn die Christen an ihrem Glauben an Jesus Christus und den dreieinigen Gott festhalten. Aber ich frage mich ja, müssen Christen und Muslime sich tatsächlich erst auf ein halbwegs gemeinsames Gottesbild einigen, bevor sie anfangen, endlich mal etwas weniger nebeneinander her, als miteinander zu leben und gemeinsam für eine friedlichere und gerechte Gesellschaft zu arbeiten?

Folgen wir doch mal eben der alten pädagogischen Faustregel: »Man kann nicht immer nur zuschlagen! Man muss auch mal ausholen.«

Ich hole kurz aus: Die spielentscheidende Frage für Martin Luther war: »Wie bekomme ich einen gnädigen Gott?« Für die überwiegende Mehrheit der Bevölkerung im Ruhrgebiet lautet diese Frage heute: »Wie bekomme ich ein Ticket für das nächste Revierderby Schalke gegen Dortmund?«

Nun müssen Sie kein großer Fußballkenner sein, um zumindest das zu wissen: Bei den Fangemeinden von Schalke und dem BVB gibt es in Sachen gegenseitiger Wertschätzung noch Luft nach oben. Anders gesagt: Eher werden Donald Trump und Hillary Clinton ein Liebespaar, als dass ein Schalke-Fan mit einem Borussen ein Bier trinken geht. Königsblau oder Schwarzgelb zu sein, das ist keine Sache auf Leben und Tod – es ist wesentlich ernster. Aber warten Sie mal ab, die nächste Fußballweltmeisterschaft kommt bestimmt. Und da werden Sie erleben, dass blaue Schalker und schwarzgelbe Dortmunder sich weinend in den Armen liegen, wenn unsere Jungs den nächsten Titel holen. In der Ökumenischen Bewegung der Kirchen nennt man dieses Phänomen: »Versöhnte Verschiedenheit!«

Sie merken schon: es ist natürlich kein Zufall, dass ich beim Thema »Kirche« auf Fußball zu sprechen komme. Denn in Sachen »Praxis pietatis«, also leidenschaftlich gelebter Frömmigkeit, kann die evangelische Kirche von der Borussen-Fangemeinde ja noch allerhand lernen. Ein wahrer Borusse wird auch bei Wind und Wetter mit Bus und Bummelzug zum nächsten DFB-Pokal-Auswärtsspiel bei der Sportgemeinschaft »Sonnenhof Großaspach« juckeln. Während der durchschnittliche Protestant gerade dreimal im Leben in die Kirche geht. Zweimal davon wird er getragen.

Kein Wunder, dass manchem akademisch geschulten Kirchenmusiker die Tränen kommen, wenn im Signal-Iduna-Park 80.000 Fans auf die Melodie von »Amazing Grace« lauthals den Choral des BVB anstimmen: »Leuchte auf, mein Stern Boruuuusssiaaa! Leuchte auf, zeig mir den Weg! Ganz egal, wohin er uns auch führt, ich werd immer bei dir sein!« Klingt einfach anders, als die 12 Gottesdienstbesucher, die zu molliger Orgelmusik mit zitternder Stimme »Verzage nicht, du Häuflein klein!« intonieren.

Das Problem von Borussia Dortmund ist, dass Bayern München ihnen ständig mit großem Tamtam die besten Spieler wegkauft. Das Problem der evangelischen Kirche ist, dass sie kein Problem mehr ist. Denn jetzt mal unter uns: Wen stört es heute noch beim Bügeln, wenn der Ratsvorsitzende der EKD, Heinrich Bedford-Strohm, sich öffentlich äußert. Heinrich wer? Und was oder wer war eigentlich nochmal EKD?

Die einzige evangelische Christin, die fast jeder auch als solche kennt, ist Margot Käßmann. Das weiß natürlich auch die EKD und hat sie vor Jahren gerade noch rechtzeitig zur »Luther-Botschafterin« für das große Reformationsjubiläum ernannt. Der Unterschied zwischen Margot und Martin ist nur, dass Luther nie vorhatte, »evangelisch« zu werden. Diese kleine Fußnote der Geschichte wird ja beim großen Reformationsgetöse ganz gern übersehen.

Genau betrachtet ist die evangelische Kirche nur ein bedauerliches Missverständnis. Luther war katholisch und wollte es bleiben. Er fand zwar durchaus, dass man Mutter Kirche einige hässliche Warzen aus dem Gesicht entfernen müsse. Aber mehr auch nicht. Die bucklige Verwandtschaft sucht man sich nun mal nicht selber aus. Auch eine Rabenmutter bleibt immer die Mutter. Da war Luther, kirchlich gesehen, ganz Familien-Mensch.

Noch 1530 half der Reformator seinem Kumpel Melanchthon, für den Reichstag in Augsburg eine Bekenntnisschrift zu formulieren, die seitenweise Gemeinsamkeiten mit den Überzeugungen der katholischen Kirche betonte. Dass ausgerechnet diese Confessio Augustana später als »Gründungsdokument« der evangelischen Kirche berühmt wurde, war im Grunde ein Betriebsunfall. Mit Folgen!

500 Jahre später besitzt die evangelische Kirche in Deutschland 75.000 Gebäude, darunter 21.000 Kirchen und Kapellen. Wovon 17.000 unter Denkmalschutz stehen. »Ecclesia semper reformanda« hat Luther zwar nie selber gesagt, aber gemeint: »Die Kirche muss sich stetig verändern!« Das hat sie ja nun auch gründlich getan. Und ihre Aufgabe den Erfordernissen des 21. Jahrhunderts angepasst, getreu dem Motto: »Vom Reformieren zum Restaurieren!«

Wer sich bei 17.000 denkmalgeschützten Kirchen darum kümmern muss, dass es nicht reinregnet oder der jahrhundertealte Putz von den morschen Wänden bröselt, von dem kann man schließlich nicht erwarten, dass er sich AUCH noch fragt, was unter diesen ehrwürdigen Dächern eigentlich stattfinden soll.

Demnach bestünde die Daseinsberechtigung der evangelischen Kirche heute schlicht darin, dass ihre alten Kirchen eben einfach noch da sind. Im Gegensatz zu vielen Gemeindemitgliedern, die inzwischen längst weg sind. Schade eigentlich!

Denn nun nochmal andersherum gefragt: Welche Orte gibt es eigentlich noch in unserer postmodernen deutschen Gesellschaft des 21. Jahrhunderts, wo Alte und Junge, Arme und Reiche, Dicke und Dünne zusammenkommen und es NICHT um Fußball geht?

Ich bin ja unverdrossen der Meinung: Die Kirche ist einer dieser Orte, oder könnte es für viele wieder werden. So gesehen bin ich auch ein großer Freund der Denkmalpflege: »Komm rein und *denk mal* mit, wie wir hier gemeinsam wieder Leben in die Bude kriegen!«

Wann waren Sie denn das letzte Mal zu Gast in Ihrer Kirche, wenn ich mal so indiskret fragen darf. Hängt in Ihrer Kirche die Kanzel auch noch einige Meter über den Holzbänken für die Gemeinde? Und der Pastor schwebt zum Predigen zwischen Himmel und Erde über den Köpfen seines Publikums? Wie soll er da als Mensch zu Menschen reden?

Warum setzen wir uns in der Kirche nicht einfach alle im Kreis und erzählen uns die Geschichten, die wir mit Gott erlebt haben oder leider noch gar nicht erlebt haben, von Zuversicht und Zweifeln, Alltag und Sonntag, und jeder kommt mal dran, auch der Pastor, und er darf uns dann auch einiges erklären, weil er lange studiert und ganz viel gelernt hat über die Geschichten der Bibel und die himmlischen Dinge.

Wie wäre es, wenn unsere Kirche wieder ein Ort wird, wo gelacht und geweint werden darf, ein schützender Raum mit offenen Türen, wo man sich nichts mehr vormachen muss, weil jeder sich hier trauen darf, zu »sagen, was Sache ist«. Wie Martin Luther es ja schon vor 500 Jahren tat.

Warum gehen die Menschen ins Fußballstadion? Weil sie nicht wissen, wie es ausgeht. Warum ich immer noch in die Kirche gehe? Weil ich dort mit möglichst vielen anderen vom lieben Gott persönlich hören möchte, dass es gut mit uns ausgeht!

Ingmar Maybach

Die Folgen der Reformation

So eine Reformation ist kein einfaches Unterfangen. Da schreibt man nicht einfach mal ein paar Thesen, oder auch ein paar mehr, nagelt sie an die richtige Tür und dann läuft die Sache. Für eine ordentliche Reformation muss man viel interne Kompetenz haben, genau wissen, wo was faul ist und was noch zu retten ist, um eine Veränderung von innen zu bewirken.

Dazu muss man gekonnt kommunizieren und die richtigen Allianzen schmieden – ohne Taktik und Kompromisse geht da gar nichts. Sonst würde man ja alles über den Haufen werfen, kurz und klein schlagen und man hätte eine Revolution. Und so was will nun wirklich niemand …

Reformation ist also im Grunde so etwas wie praxisnahe Sozialdemokratie: Schritt für Schritt so viel verändern wie möglich, ohne das System grundsätzlich in Frage zu stellen oder es gar zu zerschlagen. Dabei immer mit den richtigen Machthabern und Geldgebern kooperieren und bloß die Finger weg von radikalen Bauern, Arbeitern und ähnlichem Volke.

Wie nachhaltig erfolgreich dieses sozialdemokratisch-reformatorische Konzept am Ende ist, sehen wir an Angela Merkel, der obersten evangelischen Pfarrerstochter – die mindestens so sozialdemokratisch ist wie Gerhard Schröder. Und übrigens: Der merkelsche Satz »Das ist alternativlos« ist letztlich nur eine postmoderne Variante von »Hier stehe ich. Ich kann nicht anders.« Doch bis zu unserer evangelischen Gemeindehaus-Kanzlerin war es ein langer, langer Weg …

Kaum hatte Martin Luther seinen festen Stand gefunden und öffentlich kundgetan, meinten einige, man könne natürlich auch anders. Ja, noch während Luther strategisch klug auf fester Burg wartete, entwickelten sich reformatorische Strömungen, die mehr wollten als er – und zwar sofort und noch in dieser Welt. Und weil es dort so schön ist, versuchte man es in Münster, mit einer irdischen Vorabversion des himmlischen Jerusalems.

Aber das »Münsteraner Täufer-Reich« entwickelte sich bald zu einem »Protestantischen Staat«, quasi einer Blaupause für den »IS«. Auch in Münster wurden mittels neuer sozialer Medien (Postkutsche und Buchdruck) Kämpfer aus dem Ausland rekrutiert. Vor allem aus den Niederlanden machten sich radikalisierte Jugendliche zum »PS«, dem »Protestantischen Staat« auf, denn dort winkten ihnen bis zu sechzehn Frauen pro Mann.

Klar, das ist nichts gegen die 72 Jungfrauen, die angeblich auf muslimische Märtyrer im Paradies warten, aber dafür gab es die westfälischen Schönheiten schon in dieser Welt. Wenn es sein muss, geht sogar evangelische Polygynie!

Apropos Täufer: Selbst die Idee mit den Enthauptungsvideos im Internet ist von denen geklaut: Gerne enthauptete nämlich der Münsteraner Religionsführer Jan van Leiden, der sich mal eben »König Johannes I.« genannt hatte, eigenhändig Abweichler auf dem Marktplatz – dem damaligen Äquivalent zu YouTube. Dass deshalb der IS-Henker »Jihadi John« genannt wurde, ist jedoch nicht belegt.

Evangelisch kann also auch radikal! Gut, wir sind da im Laufe der Jahrhunderte etwas aus der Übung gekommen, aber wir haben durchaus Potential. Und wenn sächselnde Montagsspazierer und altbackene Jungparteien den aus Jordanien stammenden Haus-Klempner meines Vertrauens als Gefahr für die innere Sicherheit betrachten, mit Verweis auf den »Islamischen Staat«, dann sei ihnen gesagt: Die evangelische Variante des religiösen Terrorstaates gab es schon viel früher. Mein muslimischer Handwerker hat allerdings mit dem »IS« ungefähr genauso viel zu tun, wie meine evangelische Frauenhilfsvorsitzende mit der Münsteraner Täufer-Republik.

Aber: Wie ist es ausgegangen mit unserem evangelischen »IS«? Nun: Die bischöflichen Truppen nahmen die Stadt ein und nach sechsmonatiger, Guantánamo-mäßiger Befragung wurden die Anführer hingerichtet. Ihre Leichname hängte man in Käfigen oben an den Turm der Lamberti-Kirche, wo man sie den Greifvögeln des Umlandes überließ. Das Ende kam also durch alliierte katholische Bodentruppen mit Luftunterstützung von außerhalb.

Unter den leergefressenen Käfigen, die noch heute »allen unruhigen Geistern zur Warnung« dort hängen, wurde dann gut hundert Jahre später der Westfälische Frieden geschlossen. Seitdem konnte sich in einem relativ friedlichen Miteinander ein konstruktiver Wettstreit der Konfessionen entfalten.

Vor allem unter calvinistischem Einfluss entwickelten sich die protestantischen Gegenden prächtig. Denn wer von Gott geliebt wurde, dem sah man das auch wirtschaftlich an. Erklärte Calvin. Und anders herum: Wem es schlecht ging, dem hatte Gott sein Elend ganz offensichtlich vorherbestimmt. Kurz: Erfolg war auf einmal Ausdruck von Gottes Segen. Darum wurde kräftig drauf los gewirtschaftet, Kapital angehäuft und investiert und – so erklärt es uns der Soziologe Max Weber – als Folge der Reformation mit der protestantischen Leistungsethik nebenbei der Kapitalismus erfunden.

Ach ja: Um den sichtbaren Segen abzusichern, entwickelte der Protestantismus auch gleich noch das Versicherungswesen – wäre doch zu dumm, wenn nach einem rechtschaffenen, erfolgreichen Leben die Scheune abbrennt und man plötzlich vor den Nachbarn als ungesegnet dasteht. Deswegen sind auch bis heute evangelische Haushalte höher versichert als katholische und die Schlüsselpositionen in Versicherungskonzernen sind fast alle mit Protestanten besetzt.

Kapitalismus und Versicherungswesen sind so gesehen Nebenprodukte – quasi die große und die kleine Teflonpfanne – der Reformation. Und mit Max Weber können wir heute sogar feststellen: Auch Jesus war evangelisch. Denn wäre er katholisch gewesen, hätte er auf der Hochzeit zu Kana einfach nur gefeiert, statt wunderwirkend weiterzuarbeiten und mühsam das Wasser in den Bottichen in Wein zu verwandeln.

Im Grunde ist deshalb auch die sogenannte Eurokrise als eine Folge der Reformation zu verstehen, wenn man sie einmal konfessionell betrachtet. Man sprach ja anfangs immer von den »Krisenländern im Mittelmeerraum und Irland«. Blickt man aber etwas tiefer, stellt man fest, dass die Eurokrisenländer gar nicht alle am Mittelmeer liegen (außer Irland liegt auch Portugal am Atlantik) aber etwas ganz anderes gemeinsam haben. Aufgepasst: Sie sind alle katholisch! Wow. Gut, bis auf Griechenland und Zypern, die sind keine katholischen Krisenländer, sondern orthodoxe Pleiteländer. Wesentlich exakter wäre also der Begriff »Katholische Krisenländer im Euroraum«.

Dem Einwand, dass Österreich zwar katholisch, aber kein Krisenland sei, ist entgegenzuhalten, dass mit der Etablierung des Begriffs »Katholische Krisenländer im Euroraum« (kurz »KKL«), Österreich von den Ratingagenturen bald herabgestuft würde, von AA+ auf A, was ja ohnehin das internationale Zeichen für Österreich ist.

Zu Griechenland und Zypern: Hier lässt sich also überrascht feststellen, dass die Orthodoxie – zumindest ökonomisch – die Steigerung des Katholizismus ist. Die Orthodoxie ist ja auch so patriarchal, dass das Kirchen-Oberhaupt Patriarch heißt. Wir könnten also die katholischen Krisenländer und die orthodoxen Pleiteländer im Euroraum auch zusammenfassen als die »Krisen-Länder ohne Frauenordination«. Die Abkürzung »KLo-Frauen« würde hier trotz anrüchiger Konnotation die sozialen Verhältnisse des konfessionellen Ungleichgewichts ganz gut widerspiegeln.

Ein wirklich hilfreicher Lösungsansatz für die Eurokrise wäre demnach eine flächendeckende Reformation, oder zumindest die Frauenordination. Denn: Was eine Gesellschaft wirklich voranbringt und all den katholischen Krisenländern schmerzlich fehlt, ist vermutlich die vielleicht größte Segnung der Reformation: das evangelische Pfarrhaus.

So ein Pfarrhaus ist ja nicht einfach nur eine wunderschöne Immobilie, topp saniert und mitten im Ort (Ich bin tatsächlich mal von einem Konfirmanden gefragt worden: »Was, Sie kriegen auch noch Geld für Ihre Arbeit? Sie ham doch schon das Pfarrhaus!«), nein, das Pfarrhaus ist vor allem ein ganz spezieller sozialer Ort, besonders, wenn man dort aufwächst. Das volksweisheitliche Verslein über die negativen Entwicklungsperspektiven der Nutztiere von Mühlenbetreibern in Analogie zu Kindern, die im Pfarrhaus aufwachsen, ist hinlänglich bekannt. Und auch wenn der Kern dieser Parallele, dass es nämlich um ein Zuviel einerseits an physischer und andererseits an geistiger Nahrung geht, nur wenigen bewusst ist, echot der Reim einem jeden Pfarrerskind doch ein Leben lang entgegen und hinterher: »Pfarrers Kinder, Müllers Vieh – geraten selten oder nie.«

Aber zweifelsohne prägt eine Kindheit im Spannungsfeld von Kulturprotestantismus und Puritanismus, von protestantischer Leistungsethik und kuscheliger Gemeindehaus-Bürgerlichkeit – sei es durch Teilhabe oder durch Abgrenzung. Und so werden aus Pfarrerskindern Nobelpreisträger, Terroristinnen oder Kanzlerinnen. Ja, gerade bei unserer Kanzlerin lässt sich der Einfluss des Pfarrhauses wunderbar in Stil und Strategie erkennen. Bei aller Effizienz verbreitet sie in der Öffentlichkeit nämlich noch immer die Atmosphäre eines evangelischen Gemeindehaus-Nachmittags.

So hat Angela Merkel zum Beispiel immer eine kleine rote »Mundorgel« in ihrer Handtasche, jene fast in Vergessenheit geratene »Mao-Bibel des CVJM«. Und über die Bild-Zeitung ließ sie uns wissen, dass sie so der Peinlichkeit im informellen Teil internationaler Reisen zu entgehen suche, wenn beim ausgelassenen Singen jeder immer nur die erste Strophe auswendig kann.

Ob nun beim Staatsbesuch in Namibia ein gemeinsam gesungenes »Wie oft sind wir geschritten auf schmalem Negerpfad« oder »Kalitschka kauka Tschulima, wumba, wumba, wumba« der Völkerverständigung dienlich ist, sei dahingestellt, aber mit Angelas Mundorgel ist der Protestantismus endlich in der Weltpolitik angekommen.

Weit wichtiger ist jedoch, dass sie das sozialdemokratisch-reformatorische Prinzip der strategisch abgesicherten kleinen Schritte zur Vollendung gebracht hat. Eine Täufer-Republik wird es mit ihr niemals geben, doch der exorbitante Exportüberschuss gepaart mit puritanischer Sparsamkeit wäre Max Weber sicher ein Kapitel in der Neuauflage seiner »Protestantischen Ethik« wert.

Mit Angela Merkel ist Deutschland nicht nur der Leuchtturm des Wohlstandes, an dem sich alle ein Beispiel nehmen sollen, nein, Deutschland ist durch sie das protestantische »Pfarrhaus im europäischen Dorf«, und sie ist in ihrer Strahlkraft und Bescheidenheit längst die »Madonna des Protestantismus«.

Und so wünschten wir uns alle, das folgende Lied stünde demnächst in einer Neuauflage der »Mundorgel«, wenn es so etwas jemals geben sollte. Denn dann könnten alle mit einstimmen:

Wenn sich jemals was ändern soll,
    dann bist du selbst gefragt.
Genau das hat sich auch der Martin Luther schon gesagt.
Und wenn sich etwas ändern soll, dann sorge selbst dafür
Und nagele deine Thesen einfach an die richtige Tür.
Reformation ist immer – Reformation ist hier!

Die Banken blühen und sprießen,
    denn wir haben sie gerettet.
Mit unsern Steuergeldern sind sie weich und gut gebettet
Das Geld fehlt fünfundneunzigfach
    bei Kindern, Alten, Kranken.
Die 95 Orte nagel an die Tür der Banken!

Denn wenn sich etwas ändern soll …

Du spielst und siehst gern Fußball,
    zuhause und im Verein.
Kommerz und Funktionäre
    mischen sich immer weiter ein.
Der Sumpf der Korruption wird stinkender und tiefer,
Drum nagele deine Thesen an bei DFB und FIFA.
Denn wenn sich etwas ändern soll …

Noch 95 Türen gäb's, die perforiert gehören,
mit Thesen, die aufrütteln,
mahnen, nerven und verstören.
Und wer sich zwischen all den Türen
nicht entscheiden kann,
Der fängt am besten einfach mit der eigenen Haustür an.

Denn wenn sich etwas ändern soll …

Darum hab Hammer, Nagel, Stift und Zettel stets bei dir.
Reformation ist immer, bis an die Himmelstür.
Und erst wenn sich die Himmeltür
ganz leis hinter dir schließt,
Dann bist du dort, wo die Reformation beendet ist.

Bis dahin gilt: Wenn sich jemals was ändern soll …

Los geht's!

So! Das war ein kleiner, aber doch verwegener, kabarettistischer Ausflug in die verrückte Welt der Reformation – eine humoristische Bildungsreise zu den wichtigsten Gedanken eines mittelalterlichen Mönchs, der nicht nur den lieben Gott, sondern auch die Kunst des Lebens für sich und die Welt ganz neu entdeckt hat.

Nebenbei: Wie Martin Luther als Mensch war, ist natürlich umstritten, aber seine Tischreden und viele seiner treffsicheren Zitate zeigen ihn als einen wortgewaltigen Träumer, der oft und gern gelacht hat – und der selbst des Öfteren der Versuchung nicht widerstehen konnte, kleine kabarettistische Einsprengsel in seine wortgewaltigen Texte einzuweben.

Nebenbei: Auch mit seiner Frau Katharina von Bora, die er sogar in der Öffentlichkeit als »Herr Käthe« bezeichnete – womit jedem klar war, wer in dieser Beziehung die Hosen anhatte – pflegte der dreiste Reformator einen einzigartigen frech-fröhlichen Umgang, von dem unter anderem ihre Briefwechsel künden.

Käthe erklärte zum Beispiel: »Ich muss mir den Doktor erziehen, damit er die Dinge so macht, wie ich sie will.« Und Martin kontert mit dem dreisten Satz: »Ich bin an Ketten gebunden und gefangen und liege auf der Bahre, gleichsam der Welt abgestorben.« Diese Worte muss man sich mal ganz langsam und am Besten in breitem Sächsisch auf der Zunge zergehen lassen. Denn dann klingt »Kette« auf einmal wie »Käthe« und »Bahre« wie »Bora«. Das nenne ich Wortwitz vom Feisten.

Eingestanden sei aber: Die beiden hatten einander trotzdem lieb. Und zwar so richtig. Nach Luthers Tod erklärte Käthe jedenfalls: »Wer sollte nicht betrübt und bekümmert sein wegen eines solch teuren Mannes, wie es mein lieber Herr gewesen ist, der nicht nur einer Stadt oder einem Land, sondern der ganzen Welt gedient hat. Deswegen bin ich wahrhaftig so sehr betrübt, dass ich mein großes Herzeleid keinem Menschen sagen kann. Ich kann weder essen noch trinken. Auch dazu nicht schlafen. Wenn ich ein Fürstentum oder Kaisertum gehabt und es verloren hätte, so hätte es mir darum nicht so leid getan wie um meinen lieben und teuren Mann.«

Tränchen verdrückt. Und weiter geht's! Denn Luther selbst waren seine Ideen viel wichtiger als seine eigene Person und seine Veröffentlichungen. Einmal schreibt er sogar: »Gerne hätte ich es gesehen, dass meine Bücher allesamt im Hintergrund geblieben und untergegangen wären.« Doch darauf, dass die Menschen immer wieder und immer neu Lust bekommen, die Schönheit des Glaubens, die Freiheit des Denkens und den Trost der Gnade zu erleben, hätte er niemals verzichten wollen.

Und dass Lust was mit Spaß zu tun hat, das wusste man schon vor 500 Jahren. Zumindest schreibt Luther euphorisch: »Wenn man vom Artikel der Rechtfertigung predigt, so schläft das Volk und hustet; wenn man aber anfängt, Geschichten und Beispiele zu bringen, da reckt es beide Ohren auf, ist still und hört fleißig zu.«

Insofern ist dieses Bändchen ein fröhlicher Versuch, die Abgründe der Theologie auf unterhaltsame Weise zu erkunden und so manches Hochgeistige anekdotenhaft und aktuell vorzustellen. Eben mit Hilfe von Kabarettisten, die zugleich Theologinnen oder Theologen sind.

Luther selbst zumindest hat zu seiner Zeit alles versucht, um die Botschaft des Glaubens zu vermitteln. Und dabei war ihm eines ganz besonders wichtig, nämlich: die Leute auch direkt zum Handeln zu motivieren. Weil alles kluge Reden und Denken nichts nützt, wenn es nicht praktisch umgesetzt wird.

Insofern schließen wir mit einem reformatorischen: Los geht's! Oder wie Luther sagen würde: »Wenn wir täten, was wir sollten, und nicht machten, was wir wollten, dann hätten wir auch, was wir haben sollten.«

Tschüß!

Die frohe Schar

Christina Brudereck

Jahrgang 1969, lebt als Schriftstellerin in Essen. Sie schreibt, spricht, reimt und reist und verbindet dabei Poesie, Spiritualität und Menschenrechtsfragen. Gemeinsam mit dem Pianisten Ben Seipel bildet sie das Duo 2Flügel. Sie liebt Indien, Südafrika und das Ruhrgebiet, wo sie in einer evangelischen Kommunität lebt.
www.christinabrudereck.de

Martin Buchholz

Geschichten erzählen ist seine Leidenschaft – als Filmemacher für das Fernsehen, als Songpoet und Vortragskünstler auf der Bühne. In seinen preisgekrönten TV-Dokumentationen (Grimmepreis 2003) erzählt der studierte evangelische Theologe mit Vorliebe bewegende Geschichten von bewegten Menschen. Auf der Bühne spielt Buchholz mit seiner ganz privaten Sicht der Dinge und bietet augenzwinkernde Unterhaltung, über die man sich angeregt unterhalten kann. www.martinbuchholz.com

Hans-Joachim Greifenstein

Jahrgang 1957, Pfarrer, Kabarettist, Kommunikationswirt und dogmatischer Südhesse, kommt aus Seligenstadt am Main. Er verbrachte viele Jahre im Widerstand gegen alles Mögliche, was dann am Ende doch gebaut, stationiert oder gewählt wurde (»Wer gewinnen will, braucht nur mich als Gegner.«). Er studierte Evangelische Theologie, Hochschulpolitik und Liebe in Frankfurt und Marburg. Von 1986 bis 2006 war er Gemeindepfarrer in Babenhausen, nach drei Jahren pfarramtslosem Vollzeit-Kabarettismus seit 2009 wieder mit großer Freude als Gemeindepfarrer an der Bergstraße tätig.

Clajo Herrmann

Geboren am 23.10.1955 in Frankfurt/Main. Sonntag. Nabelschnur um den Hals: angeblich wie Goethe. An einem Zeh hing die Chiffre Claus-Jochen. Eltern hatten 9 Monate, sich vorzubereiten. Aber nach Schnitt, Säubern, Einwickeln wurde ich einer irritierten Frau in die Arme gelegt. Angeblich freute sie sich über meine anliegenden Ohren. Ich hatte NIE anliegende Ohren! Ich entwickelte mich zu einem Tagträumer. Note 4 in Aufmerksamkeit, heute verdiene ich gut mit meiner Phantasie. Nach vertaner Zeit auf der Schule, tollen Unijahren und Vikariat endlich Pfarrer. Ich legte mich nicht wie Luther vor den Altar, fand die Aufgabe aber bemerkenswert. Nach »Sabbatical« ab Sommer 2004 nicht resozialisierbar, lebe vom Babenhäuser Pfarrerkabarett und Soloprogrammen. Zustand kurz vorm 61. Geburtstag: Kann so weitergehen. www.clajo-herrmann.de

Andreas Malessa

ist Hörfunk- und Fernsehjournalist bei ARD-Sendern sowie Buchautor von Sachbüchern, Biografien und satirischen Kurzgeschichten. Seine Talkformate und Dokumentarfilme machten ihn als kompetenten und humorvollen Gesprächspartner bekannt. 2014 schrieb er das

Musical »Amazing Grace«. Der evangelische Theologe ist ein vielgefragter Fachreferent für kulturelle, sozialethische und kirchliche Themen. Er ist seit fast 40 Jahren verheiratet, hat zwei erwachsene Töchter und lebt in der Nähe von Stuttgart. www.andreas-malessa.de

Ingmar Maybach

studierte Soziologie und Theologie in Berlin. Er ist seit 1999 als politischer Kabarettist auf den Kleinkunstbühnen der Republik aktiv und stand mit Urban Priol, Bodo Wartke und Kurt Krömer auf der Bühne. Durch den Kontakt zum Babenhäuser Pfarrerkabarett erfolgte 2006 der Wechsel zum Kirchenkabarett. Von 2007 bis 2011 war er Pfarrer in Ueberau, dem Roten Dorf im Odenwald und stand als einziger Pfarrer in Deutschland einem echten Kommunisten (DKP) als Ortsvorsteher gegenüber – als »Don Camillo« im Odenwald. 2017 ist er EKD-weit mit seinem Programm »VIVA la Reformation!« zu erleben. www.pfarrer-maybach.de

Lutz von Rosenberg Lipinsky

erarbeitete nach dem Studium (Deutsche Sprache und Literatur / Ev. Theologie) zehn kabarettistische Soloprogramme (ausgezeichnet u. a. mit dem Scharfrichterbeil Passau, Kleinkunstpreis der Stadt Wolfsburg). Zahlreiche Funk- und Fernsehauftritte folgten (u. a. Pro 7 »Quatsch Comedy Club«, RTL »Samstag Nacht«, WDR »Zugabe«, BR »Schlachthof«). Zudem betätigt er sich als Schauspieler (u. a. Deutsches Schauspielhaus, Hamburg), Regisseur (u. a. Frederic Hormuth, Kabarett »Die Kugelblitze«), Moderator (u. a. »Nightwash«, GOP Varieté) und als Autor (»Die 33 tollsten Ängste – und wie man sie bekommt«). Er ist Vater zweier Kinder, verheiratet und lebt in Hamburg. www.von-rosenberg-lipinsky.de

Fabian Vogt
ist Schriftsteller, Theologe und gefühlt seit dem Pleistozän mit seinem Kompagnon Martin Schultheiß als Musikkabarett »Duo Camillo« im deutschsprachigen In- und Ausland unterwegs. Ständig. Wenn er nicht gerade in der Evangelischen Kirche von Hessen und Nassau »Kommunikationsprojekte für das Reformationsjubiläum« entwickelt, schwelgt der promovierte Teilzeit-Pfarrer, der aus jugendlichem Leichtsinn auch noch Gesang und Theaterwissenschaften studiert hat, in Geschichten und kreativen Prozessen. Er lebt mit seiner Familie im charmanten Vordertaunus und freut sich sehr darüber, dass der geistliche Draufgänger Luther irgendwie immer noch brandaktuell ist. www.fabianvogt.de; www.duocamillo.de; www.theaterzauberwort.de

Diese Publikation wurde von der Evangelischen Kirche in Hessen und Nassau unterstützt.